U0624834

知识产权信息标准化发展与实践

李娜　温丽云　杨洪志　编著

吉林大学出版社

·长春·

图书在版编目（CIP）数据

知识产权信息标准化发展与实践 / 李娜，温丽云，杨洪志编著 .— 长春：吉林大学出版社，2022.7
ISBN 978-7-5768-0243-6

Ⅰ．①知… Ⅱ．①李… ②温… ③杨… Ⅲ．①知识产权—情报服务—标准化—研究—河北 Ⅳ．① D923.404-65

中国版本图书馆 CIP 数据核字（2022）第 147085 号

书　　名：知识产权信息标准化发展与实践
ZHISHI CHANQUAN XINXI BIAOZHUNHUA FAZHAN YU SHIJIAN

作　者：李　娜　温丽云　杨洪志　编著
策划编辑：邵宇彤
责任编辑：单海霞
责任校对：周　鑫
装帧设计：优盛文化
出版发行：吉林大学出版社
社　　址：长春市人民大街 4059 号
邮政编码：130021
发行电话：0431-89580028/29/21
网　　址：http://www.jlup.com.cn
电子邮箱：jldxcbs@sina.com
印　　刷：石家庄联创博美印刷有限公司
成品尺寸：170mm×240mm　　16 开
印　　张：13.25
字　　数：253 千字
版　　次：2022 年 7 月第 1 版
印　　次：2022 年 7 月第 1 次
书　　号：ISBN 978-7-5768-0243-6
定　　价：78.00 元

版权所有　　翻印必究

前言

自改革开放以来，我国商品经济的快速发展，世界各国经济、文化、科技的深入交流，推动着我国知识产权法制建设步入快车道，同时伴随着各级人民代表大会和常设机构的建立与完善，我国社会主义民主和法制建设也步入了新阶段，在改革开放政策的推动下，我国的知识产权事业开始走出一条具有中国特色的发展道路。

进入 21 世纪以来，全球社会都开始步入信息化发展时代，2017 年 10 月中国共产党第十九次全国代表大会在北京召开，会议作出了中国特色社会主义进入新时代的重大判断，并为我国的发展方向明确了新方位，强调要在 2020 年全面建成小康社会基础上"两步走"实现社会主义现代化强国。其中作为党和国家事业发展有机组成部分和重要支撑的知识产权事业，也开始进入发展新时代。

本书就是以上述时代特征和国家发展趋势为背景，对我国知识产权信息化发展和实践进行了深入研究。全书共分为五个部分，以知识产权相关概念和相关制度为理论支撑，研究了我国知识产权的信息化发展状况和具体的项目建设情况。

第一章知识产权概述，主要从知识产权相关基本概念和国家知识产权战略两部分，综合阐述了我国知识产权的发展和完善过程，以高屋建瓴的战略政策角度分析了我国知识产权快速发展的优势环境。

第二章知识产权制度，主要从知识产权的范围、知识产权制度的历史沿革、知识产权制度的作用、知识产权保护的重要性等四个方面，对我国知识产权制度的完善和发展进行了研究，并以对应的相关典型案例对知识产权制度的完善路径进行了详细阐述。

第三章国家知识产权基础数据获取途径，主要从专利数据获取途径、商标数据获取途径、地理标志数据获取途径和集成电路布图设计数据获取途径等四个方面，对我国几类重要的知识产权数据的获取途径进行了介绍和分析。

第四章河北省知识产权现状，主要从河北省市场监督管理局（知识产权局）、河北省知识产权保护中心等两个方面，对河北省知识产权的发展情况进行了阐述和分析。

第五章知识产权信息化项目建设，主要从信息化项目整体规划及总体设计、保护中心智能化管理服务平台、河北省知识产权信息公共服务平台、知识产权统计分析平台等四个方面，对河北省知识产权信息化实践项目进行了详细研究，通过河北省知识产权信息化发展的平台建设，对知识产权信息化建设的实践过程和实践成果进行了综合分析。

本书从知识产权发展的时代背景着手，在理论的基础上结合河北省的知识产权信息化建设项目的实践，对知识产权信息化的发展和实践进行了深入研究，理论基础扎实、内容详实且可操作性高，期待能够对知识产权信息化建设相关从业人员有一定借鉴意义。

目 录

第一章 知识产权概述

党中央和国务院高度重视知识产权工作。习近平总书记指出，"产权保护特别是知识产权保护是塑造良好营商环境的重要方面"[①]"加强知识产权保护。这是完善产权保护制度最重要的内容，也是提高中国经济竞争力最大的激励"[②]。党的十九大报告明确提出，"倡导创新文化，强化知识产权创造、保护、运用"[③]，赋予了新时代知识产权工作新的历史使命。

第一节 知识产权相关基本概念

本部分内容包括知识产权定义、类型、权益、特征、制度、保护，以及世界知识产权组织等。

一、知识产权基本定义

知识产权是指人们就其智力劳动成果所依法享有的专有权利，通常是国家赋予创造者对其智力成果在一定时期内享有的专有权或独占权（exclusive right）。"知识产权"这一术语是在1967年世界知识产权组织成立后开始广泛使用的。

知识产权从本质上说是一种无形财产权，它的客体是智力成果或知识产品，是一种无形财产或者一种没有形体的精神财富，是创造性的智力劳动所创造的劳动成果。它与房屋、汽车等有形财产一样，都受到国家法律的保护，都

[①] 新华社：《习近平：知识产权保护是塑造良好营商环境的重要方面》，2017。据国家知识产权局：http://www.cnipa.gov.cn/art/2017/7/18/art_648_134550.html.

[②] 王小艳、王珩：《习近平：加强知识产权保护是完善产权保护制度最重要的内容》，2018。据人民网：http://ip.people.com.cn/n1/2018/0411/c179663-29918754.html.

[③] 李瑾：《十九大报告全文》，2017。据中华人民共和国最高人民检察院网 https://www.spp.gov.cn/tt/201710/t20171018_202773.shtml.

具有价值和使用价值。有些重大专利、驰名商标或作品的价值也远远高于房屋、汽车等有形财产。

二、知识产权的类型

知识产权是智力劳动产生的成果所有权。在国际上通常分为两类：一类是著作权（也称版权、文学产权），另一类是工业产权（也称产业产权）。

（一）工业产权

工业产权是指工业、商业、农业、林业和其他产业中具有实用经济意义的一种无形财产权，由此看来，"产业产权"这一名称更为贴切，主要包括专利权与商标权。

（二）著作权

著作权又称版权，是指自然人、法人或者其他组织对文学、艺术和科学作品依法享有的财产权利和精神权利的总称。主要包括著作权及与著作权有关的邻接权。

三、知识产权权益

根据我国《民法典》的规定，知识产权属于民事权利，民事主体依法享有知识产权。按照内容组成，知识产权权益可以分为两类：人身权利与财产权利（也称为精神权利和经济权利）。

（一）人身权利

所谓人身权利，是指权利同取得智力成果的人的人身不可分离，是人身关系在法律上的反映。例如，作者在其作品上署名的权利，或对其作品的发表权、修改权等，即为精神权利。

（二）财产权利

所谓财产权利，是指智力成果被法律承认以后，权利人可利用这些智力成果取得报酬或者得到奖励的权利，这种权利也称为经济权利。它是指智力创造性劳动取得的成果，并且是由智力劳动者对其成果依法享有的一种权利。

四、知识产权主要特征

（一）专有性

专有性即独占性或垄断性。除权利人同意或法律规定外，权利人以外的任何人不得享有或使用该项权利。这表明权利人独占或垄断的专有权利受严格保护，不受他人侵犯。

（二）时间性

时间性即只在规定期限保护。法律对各项权利的保护，都规定了有一定的有效期，各国法律对保护期限的长短可能一致，也可能不完全相同，只有参加国际协定或进行国际申请时，才对某项权利有统一的保护期限。我国《专利法》规定"发明专利权的期限为二十年，实用新型专利权外观设计专利权的期限为十年，均自申请日起计算"①。

（三）地域性

地域性即只在所确认和保护的地域内有效，即除签有国际公约或双边互惠协定外，经一国法律所保护的某项权利只在该国范围内发生法律效力。所以知识产权既具有地域性，在一定条件下又具有国际性。

（四）需要法律确认或授予

大部分知识产权的获得需要法定的程序。例如，商标权的获得需要经过登记注册。

（五）法律限制

知识产权虽然是私权，法律也承认其具有排他的独占性，但因人的智力成果具有高度的公共性，与社会文化和产业的发展有密切关系，不宜为任何人长期独占，所以法律对知识产权作了很多限制：第一，从权利的发生来说，法律为之规定了各种积极的和消极的条件以及公示的办法。例如，专利权的发生须经申请、审查和批准，对授予专利权的发明、实用新型和外观设计规定有各种条件（《专利法》第22条、第23条），对某些事项不授予专利权（《专利法》第25条），如智力活动的规则和方法；疾病的诊断和治疗方法等。著作权虽

---

① 詹爱岚：《知识产权法学》，厦门大学出版社，2011，第288页。

没有申请、审查、注册这些限制，但也有《著作权法》第3条、第5条的限制。第二，在权利的存续期上，法律都有特别规定。这一点知识产权与有形资产有很大不同。第三，权利人负有一定的使用或实施的义务。法律规定有强制许可或强制实施许可制度。对著作权，法律规定了合理使用制度。

五、知识产权保护

知识产权保护狭义上通常被理解为通过司法和行政执法来保护知识产权的行为。广义的知识产权保护是指依照现行法律，对侵犯知识产权的行为进行制止和打击的所有活动总和。一般包括司法救济、行政途径、刑事救济、国际保护途径、其他途径等。这样更广层面的知识产权保护定义才能更系统、全面地反映知识产权保护的所有内容。

（一）我国知识产权相关立法

我国的立法，一般认为应包括以下几种：法律，即全国人民代表大会及其常务委员会颁布的法律、法令等；行政法规，即国务院起草或颁布的条例、办法等；我国参加的国际条约与中国政府参加缔结的双边条约。目前我国的知识产权法的大体内容如下：

1.《商标法》及实施细则

《商标法》是我国知识产权领域第一部单行法，它颁布于1982年，于1993年、2001年、2013年、2019年四次修正。

2.《专利法》及实施细则

我国《专利法》颁布于1984年，修订于1992年、2000年、2008年、2020年。我国《专利法》同时保护发明、实用新型与外观设计三种专利。

3.《著作权法》及实施条例

我国《著作权法》颁布于1990年，于2001年、2010年、2020年修正。

4.《反不正当竞争法》

我国《反不正当竞争法》颁布于1993年。这部法律中的一部分条款，是给上述三部单行法起一个"兜底"的作用。即禁止（除侵犯注册商标权之外的）市场上的假冒、误导等行为，禁止侵害除专利之外的他人发明创造成果（主要指商业秘密）等。

1996年，世界知识产权组织颁布了一项《发展中国家反不正当竞争示范法》，其中把与知识产权有关的不正当竞争行为归纳为五种：①假冒他人标识、形象；②淡化、丑化他人标识、形象；③对自己的商品或服务质量、价格、功能等进行误导；④对他人的商品或服务质量、价格、功能等进行误导；⑤侵害他人商业秘密。

5. 其他有关的法律法规

诸如：《知识产权海关保护条例》《专利代理条例》《植物新品种保护条例》《集成电路布图设计保护条例》《计算机软件保护条例》《专利权质押登记办法》《驰名商标认定和保护规定》《地理标志产品保护规定》《展会知识产权保护办法》等。

此外，中国还一直在积极研究并制定有关知识产权保护的新法律和法规，可以相信，随着这些新法律法规的出台，中国的知识产权保护法律体系将得到进一步的健全与完善。

（二）我国参加的国际公约

世界知识产权组织（通过其国际局）管理的国际公约有 27 个。在这些公约中，我国已经参加的有 10 个。

（1）《保护工业产权巴黎公约》（简称《巴黎公约》），1967 年于斯德哥尔摩最后修订，1979 年又作了修正。

（2）《商标国际注册马德里协定》（简称《马德里协定》），1891 年于马德里缔结，1967 年于斯德哥尔摩最后修订（又于 1979 年作了个别修正），1989年又增订了议定书。

（3）《商标注册用商品与服务国际分类尼斯协议》（简称《尼斯协定》），1957 年于尼斯缔结，1977 年于日内瓦最后修订（又于 1979 年作了个别修正）。

（4）《建立工业品外观设计国际分类协定》（简称《洛迦诺协定》），1968年于洛迦诺缔结，于 1979 年作了个别修正。

（5）《专利合作条约》，1970 年于华盛顿缔结，于 1979 年及 1984 年作了个别修正及更改。

（6）《专利国际分类协定》，1971 年在斯特拉斯堡缔结，于 1979 年作了个别修正。

（7）《为专利申请程序的微生物备案取得国际承认条约》（简称《布达佩斯条约》），1977 年于布达佩斯缔结，于 1980 年作了个别修正。

（8）《保护植物新品种国际公约》，1961 年缔结，1991 年于日内瓦最后修订。

（9）《保护文学艺术作品伯尔尼公约》（简称《伯尔尼公约》），1886 年于伯尔尼缔结，1971 年于巴黎最后修订（又于 1979 年作了个别修正）。

（10）《保护录音制品制作者防止未经许可复制其制品公约》（简称《录音

制品公约》或《唱片公约》），1971 年于日内瓦缔结。

（三）其他知识产权公约（3 个）

（1）国际植物新品种保护联盟《国际保护植物新品种公约》（UPOV 公约）缔结于 1961 年，缔约方总数为 59 个国家（1999 年 4 月 23 日，中国成为该公约成员国）。

（2）联合国教科文组织《世界版权公约》缔结于 1971 年（1992 年 10 月 30 日，中国成为该公约成员国）。

（3）世贸组织《与贸易有关的知识产权协定》（2001 年 12 月 11 日，中国成为该公约成员）。

（四）知识产权保护途径

当知识产权受到侵害时，可以通过多种途径寻求法律救助。主要救济途径如下：

1. 司法救济

司法途径是传统途径。实行专利制度的国家基本上在专利法或其他法律中规定了获得专利侵权的司法途径。

管辖权的确定：因案件性质不同，分别由具有管辖权的法院及侵权行为地人民法院或被告住所地人民法院管辖。如受理一审专利纠纷的人民法院只能是省会所在地和最高人民法院指定的中级人民法院。

提起知识产权侵权诉讼应满足的条件：原告是与本案有直接利害关系的公民、法人和其他组织；有明确的被告；有具体的诉讼请求和事实、理由；属于人民法院受理民事诉讼的范围和受诉人民法院管辖。

2. 行政途径

即通过知识产权的行政保护途径。用行政手段保护知识产权是中国知识产权执法的一个重要特色。由于行政程序在打击侵权方面速度快，费用较低，受到知识产权权利人的欢迎。

专利权的行政保护主管机关为国家知识产权局和管理专利工作的部门（现为市场监管部门），负责对专利纠纷进行行政调处。专利纠纷主要包括专利侵权纠纷、专利权属纠纷等。知识产权管理机关受理专利纠纷案件的条件：调处请求人必须是与纠纷和争议有直接利害关系的单位或个人；有明确的被请求人；有具体要求和事实依据；属于知识产权管理机关管辖范围和受案范围；当事人尚未向人民法院起诉。

　　商标权的行政保护主管机关为侵权行为地的县级以上工商行政管理部门（现为市场监管部门），负责对侵犯商标权的行为进行行政处罚。

　　著作权的行政保护主管机关为国家版权局和地方著作权行政管理部门，负责对侵犯著作权的行为进行行政处罚。

　　3. 刑事救济

　　刑事救济开展的条件是到达一定的侵权额度，触犯了刑法。1997年，经修订的《中华人民共和国刑法》将"侵犯知识产权罪"作为一个独立的犯罪类别规定于"破坏社会主义市场经济秩序罪"中，从而对侵犯知识产权的犯罪，第一次以刑法基本法的形式作出了规定，加大了对此类犯罪的惩罚力度。侵犯知识产权罪是指违反知识产权保护法规，未经知识产权所有人许可，非法利用其知识产权，侵犯国家对知识产权的管理秩序和知识产权所有人的合法权益，违法所得数额较大或者情节严重的行为。侵犯知识产权罪大体上可以分为四类：假冒注册商标罪、销售假冒注册商标的商品罪、非法制造或者销售非法制造注册商标标识罪；侵犯著作权罪、销售侵权复制品罪；假冒专利罪；侵犯商业秘密罪。

　　4. 其他途径

　　指司法、行政以外获得专利侵权救济的途径，包括仲裁，司法、行政机关外的调解与协商及专家组裁决等。

　　（1）知识产权仲裁。对于合同类纠纷，如技术开发合同、技术转让合同、专利转让合同、专利实施许可合同、技术服务合同、技术咨询合同、保密协议等合同纠纷，当事人可以在订立合同时约定仲裁条款。知识产权仲裁的优点：更易于实现公正；更有利于知识产权的保护；更具高效率；更有利于维持双方正常的商贸关系。从国际角度看，知识产权仲裁裁决更容易被执行，且比诉讼方式费用低。与协商、调解相比，仲裁依照一定的程序和规则，有更强的操作性，仲裁结果具有终局性和强制执行力等。

　　（2）知识产权集体管理组织保护，即较弱小的知识产权人为维护自身利益形成某种组织，由该组织代为处理知识产权保护相关事宜。

　　（3）知识产权人或其他利害关系人的自我救济。知识产权人或其他利害关系人通过设立专门从事知识产权法律或管理事务的部门，制定知识产权战略，确定如何保护知识产权和避免对他人侵权的一系列具体措施与手段。

　　（4）舆论导向保护，通过正确合理的知识产权保护舆论引导，营造良好的知识产权保护氛围。

5. 国际保护途径

互惠保护。由于各国知识产权立法的各方面差异，某些国家根据互惠原则保护他国知识产权。作为附条件的保护，即外国若承认并保护依据一国法确认的知识产权，那么，本国亦承认且保护依外国法确认的知识产权，如中国在成为《巴黎公约》成员国前，曾分别与许多国家在商标保护上实行互惠原则。

双边条约保护。即双方通过签订双边保护协定的方式，相互保护对方知识产权。通常双方是指两个国际法主体，但不排除缔约方中一方是国际法主体，另一方是多个国际法主体。此保护方式在当代仍被广泛应用，但由于其对第三国无拘束力的局限性，多数国家都转向缔结或参加多边保护公约。

多边公约保护。因多边公约内容多系立法主体性的，规定法的原则、规则与制度，故随着世界多边贸易体制的发展，多边保护公约越来越成为知识产权国际保护的主要途径。

第二节　国家知识产权战略

党和政府十分重视知识产权工作，从不同层次和不同角度对知识产权工作做出了一系列战略部署，归纳起来包括三层意思：第一，加强知识产权保护；第二，取得一批拥有知识产权的成果；第三，将这样的成果"产业化"（即进入市场）。这三层是缺一不可的。把它们结合起来，即可以看作我们的知识产权战略。从完善法律制度角度来看，"保护"法的基本完备，仅仅是迈出了第一步。如果缺少直接鼓励人们用智慧去创成果（而绝不能停留在仅用双手去创成果）的法律措施，如果缺少在"智力成果"与"产业化"之间架起桥梁的法律措施，那就很难推动一个国家从"肢体经济"向"头脑经济"发展，要在国际竞争中击败对手（至少不被对手击败），就不容易做到了。

一、我国知识产权制度发展过程

我国知识产权法制建设大发展始于 1979 年。自 1979 年以来，随着各级人民代表大会及其常设机构的建立，我国的社会主义民主和法制建设进入了新阶段。与此同时，国内商品经济的快速发展和与世界各国经济、文化、科技交流的不断增多，对我国知识产权法制建设提出了迫切要求，我国加快了知识产权立法进程。1982 年 8 月，全国人大常委会审议通过了《商标法》，1984 年 3 月审议通过了《专利法》，1990 年 9 月审议通过了《著作权法》。《商标法实施细则》《专利法实施细则》《著作权实施条例》及《驰名商标认定和管理规定》《计算机软件保护条例》《知识产权海关保护条例》《植物新品种保护条例》《集成电路布图设计保护条例》等一系列法规也相继颁布实施。此外，我国先后加入了《巴黎公约》《马德里协定》《伯尔尼公约》《世界版权公约》《保护录音制品制作者防止未经许可复制其录音制品公约》《专利合作条约》等国际知识产权组织和"公约""协定""条约"。至此，我国知识产权法律制度的框架已经全面建立，以较短的时间完成了西方发达国家通常需要上百年才能完成的知识产权法制历程。

与此同时，我国各级知识产权管理与司法机关也不断健全。我国在各级政府机构中设立了知识产权局、版权局等知识产权管理和执法机构，在工商局中设立了商标管理和执法机构，2018 年建立了市场监管体系下的知识产权管理体制，实现了商标、专利、地理标志、集成电路布图设计等知识产权的统一管理。在部分法院设立了知识产权法庭，形成了具有我国特色的行政和司法保护知识产权"双轨制"体系，知识产权工作体系已经建立。随着知识产权法制建设的进一步健全，我国社会各界的知识产权意识也迅速提高，专利、商标拥有量持续快速增长。拥有自主知识产权的核心技术开始出现，部分企业开始在世界范围内树立品牌。我国的知识产权事业已经走上了高速发展的快车道。

近年来，知识产权制度在我国的发展虽然很快，但并不是一帆风顺的。例如，1980 年，我国开始筹建专利制度的时候，对我国是否该实行专利制度的问题，曾经有过激烈的争论。有观点认为，我国是发展中国家，科技水平比较低，建立专利制度只能是保护外国人的技术，会束缚自己的手脚，影响仿制。几十年的实践证明，专利制度的建立对鼓励我国科技创新活动的开展，提高整体技术水平，促进科技、经济的发展，融入国际社会，起到了不可替代的重要作用。我国应该重视知识产权制度，已经成为社会各界和国际社会的共识。

不可否认的是，在我国知识产权法制建设的历程中，西方发达国家为了保护他们自身的利益，一直给我国施加巨大的压力。最典型的例子就是 1991 年和 1994 年，美国两次对我国发起"特殊 301 调查"，要求我国加强对版权等知识产权的保护。此外，我国加入世贸组织之前，为了达到《与贸易有关的知识产权协议》（TRIPS）的要求，也对我国的知识产权法律法规普遍进行了修订。从某种意义上来说，来自国际社会的压力，也是促使我国知识产权法制建设加快发展的一种动力。

二、我国知识产权战略实施相关政策

我国知识产权战略的实施，缘于我国经济社会发展对知识产权制度和知识产权能力的内在需要，面对知识产权在全球经济治理中日益提高的地位和重要作用，我国知识产权制度和能力建设面临着巨大机遇和严峻挑战。党中央、国务院审时度势，2008 年 6 月 5 日，国务院发布《国家知识产权战略纲要》。该纲要明确提出，实施知识产权战略，要坚持"激励创造、有效运用、依法保护、科学管理"的方针，提出到 2020 年把我国建设成为知识产权创造、运用、保护和管理水平较高的国家。《国家知识产权战略纲要》发布，知识产权战略首次上升为国家战略。该纲要不仅是我国知识产权事业发展的指南，也是建设创新型国家的纲领性文件。国家知识产权战略确定了 5 个方面的战略重点：完善知识产权制度；促进知识产权创造和运用；加强知识产权保护；防止知识产权滥用；培育知识产权文化。国家知识产权战略还分别部署了专利、商标、版权、商业秘密、植物新品种、特定领域知识产权和国防知识产权领域的七大专项任务，提出了各领域要解决的突出问题和要完成的主要任务。

2008 年 10 月 9 日，国务院批复同意建立国家知识产权战略实施工作部际联席会议制度，在国务院领导下，统筹协调国家知识产权战略实施工作，成员由国务院分管副秘书长和 28 个部门分管领导组成，联席会议办公室设在国家知识产权局。建立国家知识产权战略实施工作部际联席会议制度，有利于更好地统筹协调国家知识产权战略实施工作。

2014 年 12 月 10 日，国务院办公厅印发《深入实施国家知识产权战略行动计划（2014—2020 年）》，提出到 2020 年，知识产权创造水平显著提高，运用效果显著增强，保护状况显著改善，管理能力显著增强，基础能力全面提升。

2015 年 3 月 13 日，《中共中央国务院关于深化体制机制改革加快实施创新驱动发展战略的若干意见》明确提出，"让知识产权制度成为激励创新的基本保障"。2015 年 12 月 18 日，国务院印发《国务院关于新形势下加快知识产权强国建设的若干意见》。意见明确深入实施国家知识产权战略，深化知识产权重点领域改革，实行更加严格的知识产权保护，促进新技术、新产业、新业态蓬勃发展，提升产业国际化发展水平，保障和激励大众创业、万众创新。党中央和国务院对知识产权的重视上升到了一个新的高度，对知识产权工作的要求也进入了一个新的阶段，加快知识产权强国建设。

2016 年 3 月，全国人大十二届四次会议审议通过的《中华人民共和国国民经济和社会发展第十三个五年规划纲要》提出，要实施严格的知识产权保护制度，完善有利于激励创新的知识产权归属制度，建设知识产权运营交易和服务平台，建设知识产权强国；11月，《中共中央国务院关于完善产权保护制度依法保护产权的意见》印发，强调"加大知识产权侵权行为惩治力度，提高知识产权侵权法定赔偿上限，探索建立对专利权、著作权等知识产权侵权惩罚性赔偿制度""将故意侵犯知识产权行为情况纳入企业和个人信用记录"，加大对知识产权的保护力度。2016年12月30日，国务院正式发布《"十三五"国家知识产权保护和运用规划》，明确了"十三五"知识产权工作的发展目标和主要任务，对全国知识产权工作进行了全面部署。这是知识产权规划首次列入国家重点专项规划。

党的十八大以来，党中央、国务院将知识产权保护工作提升到了前所未有的高度，并将其作为激励创新的重要保障，创新政策环境不断优化。中国的知识产权事业始终在改革中前进，在创新中发展，实现了从制度引进到适应国情、植根本土的重要转变。以习近平同志为核心的党中央作出了全面深化改革的战略部署，将知识产权领域改革作为重要内容，深入推进知识产权权益分配改革、管理体制机制改革，有效破解了发展的深层次矛盾和问题。党的十九届三中全会作出了重新组建国家知识产权局的重要部署，实现了商标、专利、地理标志等知识产权的集中统一管理，有效地推动了知识产权管理效能的提升，致力于打通知识产权创造、运用、保护、管理、服务全链条，加强了对知识产权的保护和运用。

三、新时代知识产权事业发展新要求

伴随着改革开放的伟大历史进程，我国的知识产权事业走出了一条具有中国特色的发展道路，在这一过程中，我们对知识产权的认识不断深化。党的十八大以来，以习近平同志为核心的党中央站在全局和战略的高度，对知识产权工作作出了一系列重要论述和重大部署，引领我们对知识产权功能定位再思考、工作理念再提高、工作重心再聚焦、工作力度再加大，推动知识产权事业在新的历史起点上改革创新再出发。

一是深入学习，准确把握知识产权在国家经济社会发展中的功能地位。理论指导实践，认识指引方向。习近平总书记高度重视知识产权工作，审时度势，高瞻远瞩，就知识产权法律制度建设、知识产权综合管理改革、自主知识产权核心技术创造、实施严格的知识产权保护等作出了一系列重要指示，提出了"保护知识产权就是保护创新"① "产权保护特别是知识产权保护是塑造良好营商环境的重要方面"② "打通知识产权创造、运用、保护、管理、服务全链条"③ 等重要论断，特别提出了"加强知识产权保护是完善产权保护制度最重要的内容，也是提高中国经济竞争力最大的激励"④，进一步明确了知识产权的功能定位，赋予了知识产权新的时代内涵，丰富了新时代中国特色社会主义知识产权思想理论。

不断学习领会习近平总书记新时代知识产权重要论述，以习近平总书记重要论述、指示为根本指引，提高政治站位，深化认识领悟，准确把握好知识产权的功能和定位，发挥好知识产权作为新型的产权安排机制、有效的创新激励机制和国际通行的市场机制等重要作用，最大限度地激发全社会创新活力，最大限度地促进创新成果向现实生产力转化，推动经济创新发展。通过平等有效的知识产权保护，促进物畅其流、货通天下，科技文化深入交流，推动构建开放型世界经济，实现共同繁荣发展。

二是深刻领会，充分认识知识产权在创新驱动发展战略中的作用。2015年3月13日，《中共中央国务院关于深化体制机制改革加快实施创新驱动发展战略的若干意见》印发，提及知识产权的内容多达20余处。意见开篇在"总体思路和主要目标"中就明确提出，把握好技术创新的市场规律，"让知识产权制度成为激励创新的基本保障"⑤。此前，我国出台的相关文件中，更多是将知识产权制度作为激励创新的重要支撑。从"重要支撑"到"基本保障"，体现了我国将知识产权制度在创新驱动发展战略中的定位提升到了新的高度。

实施知识产权战略可以为创新驱动发展战略提供必要路径和法律保障。

---

① 吴汉东：《强化知识产权创造、保护、运用 保护知识产权就是保护创新》，2020。据全国人民代表大会网 http://www.npc.gov.cn/npc/c30834/202012/6beda62b50194f9aa2f81ac34a5a2d1a.shtml.

② 李国强、马晓白：《知识产权保护是塑造良好营商环境的重要方面》，2018。据中国经济时报 https://baijiahao.baidu.com/s?id=1603174055090316919&wfr=spider&for=pc.

③ 新华网：《习近平：全面加强知识产权保护工作 激发创新活力推动构建新发展格局》，2021。据新华网 https://baijiahao.baidu.com/s?id=1690386785293159767&wfr=spider&for=pc.

④ 高云翔：《习近平：加强知识产权保护是完善产权保护制度最重要的内容 也是提高中国经济竞争力最大的激励》，2018。据中国知识产权资讯网 http://www.iprchn.com/cipnews/news_content.aspx?newsId=107201.

⑤ 新华社：《中共中央 国务院关于深化体制机制改革加快实施创新驱动发展战略的若干意见》，2015。据中华人民共和国中央人民政府网 http://www.gov.cn/xinwen/2015-03/23/content_2837629.htm.

知识产权制度是保护创新成果的法律体制，通过法律的手段严格保护创新者的市场利润，可以激发科技创新活力。知识产权制度是保护创新成果进行产业转移和市场转化的法律机制，通过法律的手段严格保护创新者的成果，从而促进创新成果向产业转移，让科技创新的资源在市场中得到合理高效的配置。知识产权制度是保护创新成果进入人民生活的法律制度，通过法律的手段严格保护创新者的市场交易，从而促进创新成果推进社会发展、改善人民生活，让创新的效能在经济发展、社会进步、生活小康的美好场景中得到真正体现，从而进一步传播了创新驱动发展的理念，坚定了创新驱动发展的信念，提高了创新驱动发展的效率。可见，知识产权制度是创新驱动经济发展的关键，抓知识产权制度建设就是抓创新驱动发展，抓知识产权的法律保护就是保护创新成果、激发创新热情。

三是深化改革，努力实现知识产权治理体系和治理能力现代化。深刻领会习近平总书记关于打通知识产权创造、运用、保护、管理、服务全链条的重要指示，通过本轮机构改革，真正建立起高效的知识产权综合管理体制，构建便民利民的知识产权公共服务体系，探索支撑创新发展的知识产权运行机制，特别是要准确把握市场监管与知识产权的内在联系，推动知识产权与市场监管工作有效衔接、有机融合、有力互动，在彰显知识产权创新属性的基础上，进一步凸显知识产权的市场属性，丰富市场监管的内涵。强化知识产权创造，突出质量第一、效益优先导向，完善支持政策。强化知识产权保护力度，推动建设知识产权保护体系，建立侵权惩罚性赔偿制度，大幅提升侵权违法成本。对严重失信行为实行联合惩戒，让失信者处处受限。强化知识产权运用，深化知识产权权益分配改革，破解知识产权转化难题，完善知识产权运营平台体系，更大程度实现知识产权价值，大力发展知识产权密集型产业，推动产业转型升级。深入推进"放管服"改革，深化部门转职能、转方式、转作风，把该放的坚决放掉，该管的切实管好。强化知识产权公共服务，更好地支持创业创新。

四、新时代知识产权强国战略

党的十九大作出了中国特色社会主义进入新时代的重大判断，为我国发展方向明确了新的历史方位，强调要在2020年全面建成小康社会的基础上，分"两步走"建成社会主义现代化强国。中国特色社会主义进入新时代，作为党和国家事业发展有机组成部分和重要支撑的知识产权事业也进入了新时代，站在新的历史起点，要准确把握新时代中国特色社会主义发展的新目标，按照十九大提出的"两步走"战略部署，认真谋划好知识产权事业未来的发展方向。

总体来讲，就是按照十九大提出的"倡导创新文化，强化知识产权创造、保护、运用"和党中央、国务院一系列既定部署，抓好《关于新形势下加快知识产权强国建设的若干意见》《深入实施国家知识产权战略行动计划（2014—2020）》等各项工作的落实。在此基础上，要坚持以习近平新时代中国特色社会主义思想为指导，把握从2020年到本世纪中叶知识产权强国建设的重大战略机遇期，分"两步走"建成知识产权强国。

　　首先从2020年到2035年，力争经过15年的努力，基本建成知识产权强国，使我国知识产权创造、运用、保护、管理和服务跻身国际先进行列，使知识产权成为驱动创新发展和支撑扩大开放的强劲动力。接下来，从2035年到21世纪中叶，再奋斗15年，全面建成中国特色、世界水平的知识产权强国，使我国知识产权创造、运用、保护、管理和服务居于世界领先水平，让知识产权成为经济社会发展强有力的技术和制度供给。

　　新的历史战略机遇期，要把握好新一轮战略实施的重点、思路和举措，紧紧围绕完善基本经济制度、支撑创新驱动发展、促进扩大对外开放、保障国家安全等工作重点，谋划好知识产权强国战略。

第二章　知识产权制度

　　知识产权制度是伴随着商品经济的发展而逐步确定并发展起来的一种现代法律制度，最先以法律制度确定是从西欧发达国家开始的。18世纪初，欧洲及北美一些国家相继制定了内容比较完善的知识产权法，此后，世界上大多数国家都逐步建立了知识产权法律制度，知识作为一种权益在世界范围内得到了法律制度的承认与保护。

　　知识产权制度可以起到激励创新、保护人们的智力劳动成果、促进其转化为现实生产力的作用。它是一种推动科技进步、经济发展、文化繁荣的激励和保护机制。

　　知识产权制度为智力成果完成人的权益提供了法律保障，调动了人们从事科学技术研究和文学艺术作品创作的积极性和创造性，有利于智力成果广泛传播，以产生巨大的经济和社会效益。例如，建立知识产权法律制度后，工业产权人通过转让或许可他人使用其智力成果，可使技术成果转化为现实生产力，从而创造出巨大的经济和社会效益。著作权人通过许可使用制度，将其作品的内容向社会传播，有助于加速文化交流和科学技术知识的普及，有利于提高劳动者素质，繁荣文化市场。因此，建立知识产权法律制度是智力成果商品化的法律前提和保障。

　　知识产权制度为智力成果的推广应用和传播提供了法律机制，使智力成果转化为生产力，运用到生产建设上去，产生巨大的经济效益和社会效益。知识产权法确认发明人、设计人、作者等对其创造性劳动成果依法享有专有权、专利权，并保护其权利不受侵犯，不但使他们受到精神鼓励，而且能在法律保护下获得经济利益。这样，就会调动人们从事科研活动和智力创作的积极性，从而创造出更多、更好的精神财富。因此，建立知识产权法律制度，有助于在全社会进一步形成尊重知识、尊重人才的良好风尚，保护知识产权人的合法权益，激发他们的创造热情。

　　知识产权制度为国际经济技术贸易和文化艺术的交流提供了法律准则，促进人类文明进步和经济发展。建立知识产权法律制度，是进行国际竞争，开展国际间科技、经济、文化交流与合作的基本环境和条件之一。知识产权制度的建立，对开发智力成果，开拓技术市场，引进先进技术，扩大对外经济技术、科学文化的交流与合作，必将起到积极的促进作用。

知识产权制度作为现代法律的重要组成部分，对完善中国法律体系、建设法治国家具有重大意义。

第一节　知识产权的范围

一、《建立世界知识产权组织公约》知识产权范围

《建立世界知识产权组织公约》第2条第8款规定知识产权内容包括关于文学、艺术和科学作品的权利；关于表演艺术家的演出、录音和广播的权利；关于人们努力在一切活动领域内发明的权利；关于科学发现的权利；关于工业品外观设计的权利；关于商标、服务标记、厂商名称和标记的权利；关于制止不正当竞争的权利；关于在工业、科学、文学和艺术领域里一切其他来自智力活动成果享有的权利。

知识产权具体内容：

文学作品：书面作品（小说、诗歌、散文、剧本、乐谱、论文、文书、日记、科学专著等），口头作品（即席讲演、祝词、宗教家的读经布道、艺人说书、即兴填词赋诗等）。

艺术作品：音乐、戏剧、曲艺、舞蹈、绘画、书法与篆刻、雕塑、建筑艺术、工艺美术电影、电视、录像作品、民间文学艺术作品等。

科学作品：技术经济依据、计算书、图纸、模型、预算、说明书及其他资料，设计图纸及其说明通常包括设计任务书、初步设计、技术设计和工作图设计及其说明，地图、示意图等图形作品，计算机软件等。

二、《知识产权协议》知识产权范围

《与贸易（包括假冒商品贸易在内）有关的知识产权协议》（TRIPS）中知识产权保护的范围包括著作权及其相关权利（指邻接权）；商标权；地理标记权；工业品外观设计权；专利权；集成电路布图设计权；对未公开信息的保护权；对许可合同中限制竞争行为的控制。该知识产权范围具有以下主要特点：

一是与贸易有关，主要保护财产权；二是主要体现发达国家标准，保护水平较高；三是有准司法保护保障，不同于以往的知识产权国际公约。

三、我国《民法典》的知识产权范围

依据我国《民法典》的规定，知识产权是权利人就下列客体享有的专有的权利：作品；发明、实用新型、外观设计；商标；地理标志；商业秘密；集成电路布图设计；植物新品种；法律规定的其他客体。

可见，知识产权就在我们的日常工作、生活中，与科技工作者的创新活动紧密关联，与企业的经营管理、国家创新发展密切联系。

第二节　知识产权制度的历史沿革

从知识产权的产生和发展来看，知识产权制度在世界上有着悠久的历史，经历了四百多年的发展和演变。其中专利、商标和版权的立法时间较早。

一、知识产权的萌芽阶段

追根溯源，知识产权是起源于封建社会的一种"特权"。大约在13世纪至14世纪，封建社会的官吏、君主、国家曾经以榜文、敕令、法令等形式授予发明创造者、图书出版者在一定期限内的专营权、专有权。封建王室赐予工匠或商人的类似专利的这种垄断特权带有一定的恩赐性质，与现代意义上的知识产权制度有很大的不同。但它使智力成果首次被确认为一种独占权，是知识产权发展进程中的一次飞跃。

比如，1474年，盛极一时的威尼斯共和国，颁布了一部带有"恩赐"性质的有关专利的法令，使智力成果首次被确认为一种独占权，这为后来知识产权制度的形成打下了基础。

二、知识产权的产生与发展阶段

（一）一些国家知识产权制度的相继建立

进入资本主义社会以后，科学技术和产业革命使社会生产力获得了空前的发展。对知识产品的占有、使用会带来极大的经济收益已逐渐成为人们的共

识，生产者迫切需要获得最新的技术成果。然而，在技术的转移、公开中，如何保障原先的发明创造者的竞争优势呢？这就需要建立一种机制，既能够维持新技术发明人的技术优势，又能够满足社会对该技术的需要，由此，知识产权法律制度应运而生。

1623 年，英国议会通过了《垄断法》，这是世界上第一部现代意义的专利法；1709 年，英国的《安娜女王法》第一次确认"作者"是法律保护的主体；1804 年，法国颁布的《拿破仑法典》第一次肯定了商标权将与其他财产同样受到保护；1890 年，美国的《谢尔曼法》成为世界上第一部反不正当竞争法。

在这一时期，不少经济发达的国家相继建立起知识产权法律制度，对本国科技、经济发展起到促进作用。

如在 18 世纪英国开始的工业革命中，具有划时代意义的瓦特蒸汽机、水力纺纱机等许多发明创造都受到了专利法律制度的保护。又如美国作为世界上建立专利制度较早的国家之一，于 1790 年颁布《专利法》。美国总统林肯将专利制度对创新的激励作用形容为"专利制度就是给天才之火添加利益之油"[①]。美国出现了爱迪生、乔布斯这样的发明家，已成为当今世界拥有先进技术较多的国家之一。另外，在法国、德国、俄罗斯、日本等国家进入世界经济强国的历程中，知识产权制度都发挥了重要的作用。

据学者考证，将一切来自知识产权活动领域的权利概括为"知识产权"的做法最早见于 17 世纪中叶的法国学者卡普佐夫，后来比利时法学家皮卡第又对其有所发展。他们的学说传播开来后，世界上许多国家和一些国际组织逐渐采用了"知识产权"这一法律术语。

（二）知识产权制度逐步成为国际上通行的法律制度

知识产权制度是指开发和利用知识资源的基本制度。随着科学技术的飞速发展，国际贸易中商品知识、技术含量增加，为了取得和保持市场优势地位，各国越来越重视国际贸易中的知识产权保护问题，为此，产生了一系列的国际条约和组织，如《保护工业产权巴黎公约》（1883 年）《保护文学艺术作品伯尔尼公约》（1886 年）《商标国际注册马德里协定》（1891 年）等一系列全球性的知识产权保护条约，共同确立了知识产权的国际保护基本体制；1967 年世界知识产权组织的建立，为知识产权国际保护制度的实施提供了组织保障；1994 年，《与贸易有关的知识产权协议》正式签订，要求所有成员在国际

---

① 李健民：《科学学与科技创新管理》，上海科技教育出版社，2006，第 202 页。

贸易中必须重视和加强知识产权保护。

迄今为止，经过数百年的洗礼，知识产权制度已成为国际通行的法律制度。

三、世界知识产权日

1970 年 4 月 26 日，《建立世界知识产权组织公约》正式生效。2000 年 10 月，世界知识产权组织第 35 届成员大会系列会议讨论了中国和阿尔及利亚于 1999 年在世界知识产权组织成员大会上共同提出的关于建立"世界知识产权日"的提案，决定从 2001 年起将每年的 4 月 26 日定为"世界知识产权日"（the World Intellectual Property Day），世界知识产权组织及其成员每年都在"世界知识产权日"前后举行一系列庆祝和宣传活动，目的是在全世界范围内树立尊重知识、崇尚科学和保护知识产权的意识，有助于突出知识产权在所有国家的经济、文化和社会发展中的作用和贡献，并提高公众对这一领域的认识和理解，营造鼓励知识创新和保护知识产权的法律环境。自 2001 年起，每年 4 月 26 日"世界知识产权日"期间，我国有关部门都会组织各项活动，以增强全社会的知识产权保护意识。

第三节　知识产权制度的作用

进入 21 世纪以来，随着信息技术的迅猛发展和交通工具的巨大进步，世界经济已经由工业经济向知识经济（或称信息经济、后工业经济等）转变，人类社会开始由工业社会向知识社会发展。知识产权贸易与货物贸易、服务贸易已成为 WTO 的三大支柱。随着知识经济的发展，世界范围的知识产权贸易额增长十分迅速，知识产权在世界经济中的地位日益重要，正在成为 21 世纪创造新的竞争优势的基础和最有价值的财产形式。

据联合国统计，世界专利技术贸易额的年平均增长率高达 15%，大大超过一般商品贸易年增长率 3.3% 的发展速度。专利技术贸易额占世界贸易总额的比重，从 20 世纪 70 年代的 0.67%，已发展到 21 世纪初期的近 5%。1993 年，世界各国间的知识产权贸易额为 380 多亿美元，1995 年，则上升至 500 多亿美元，目前世界知识产权贸易中的专利许可贸易在几千亿美元以上。

以美国为例。美国是"靠知识产权吃饭"的国家。资料显示，美国出口额的一半以上来源于知识产权产业，经济增长的 40% 来源于知识产权产业，

1 800 万美国人从事知识产权产业。美国的知识产权价值 5 万亿美元，约占美国 GDP 的一半。美国 1992 年仅计算机软件这一种版权保护对象，贸易额已达 76 亿美元。1993 年，美国知识产权出口收入 204 亿美元，1994 年则达 250 多亿美元。美国一年专利许可贸易收入达到了 1 800 亿美元，如果加上商标许可、转让贸易和版权许可，国际知识产权贸易额非常巨大。美国大学每年共产生 5 000 多项专利，技术转让收益为 3 亿美元。日本自从确立了建立技术贸易市场的构想以后，有效地刺激了企业对外的专利许可证贸易。仅日立公司每年的专利转让费就高达 70 亿日元。以色列人口仅 500 多万，但 1996 年高科技产品出口额达到 50 亿美元，占出口额的 1/4。

国际对知识产权越来越重视，特别是经济发达的国家和地区，运用知识产权战略的手段越来越多样化、越来越成熟，各大型企业、跨国公司为追求市场和技术的垄断，纷纷采用技术输出、专利许可贸易和专利（版权）与商标组合许可的战略，来获取利润的最大化，谋取市场的竞争优势。发展与保护知识产权是各国自身发展需要，也是国际生存环境需要。

我们要成为一个经济强国，光靠简单地重复再生产或是生产量的增长是不够的，而是必须拥有自主知识产权的、强大的工业与农业。但我国拥有自主知识产权核心技术的企业，仅占大约万分之几，绝大多数企业没有专利申请，很多企业没有自己的商标。2005 年秋季广交会时，有关方面的一项抽样统计表明，我国企业出口产品的 50% 是贴牌的，29% 没有商标，而有自己商标的只占 21%，近八成的企业或贴牌或者没有牌。

我们常说要重视人才、重视知识，我们也常说 21 世纪是知识经济的世纪。其实重视、加强对知识产权的发展与保护就是从根本上重视了人才，重视了知识，体现了知识经济。

第四节　知识产权保护的重要性

在当前对外经济飞速发展的时代，无论国内还是在国外都越来越多地涉及有关知识产权的争议和纠纷，随着对外改革开放的进一步深入，对我国的知识产权进行保护就显得格外重要。

很多发达国家的企业，特别是跨国公司将知识产权这一商业手段熟练运用于商业竞争当中。"白家粉丝"商标在欧盟地区和德国，被白家食品在德国的三个代理商之一欧凯公司抢注。此前，欧凯还在欧盟或德国抢注了国内几家著名食品企业的商标，包括北京"王致和"、安徽"恰恰"、贵州"老干妈"、河北"今麦郎"、四川"郫县豆瓣"，中国驰名商标"海信"在德国遭到博世－西门子公司抢注……太多的案例，太多的教训警示我们，对知识产权的保护必须高度重视。正如王瑜律师所说："当我们的著名企业正豪言国际化时，却发现自己的产品无法进入国际市场，他们的商标已经被抢注；当我们的 DVD 制造业为占到世界多少份额而喜悦时，突然有人找上门来收钱，说我们侵犯了他们的专利，结果我们的企业却在为他人做嫁裳。将你的商标注而不用，微小的注册费用，却可以将你阻止在这个市场之外，轻而易举地排斥了你这个竞争对手。先让你使用他们的专利技术，等你长大了，再来收拾你，这种'放水养鱼'的策略，正大肆将我国的企业依靠低廉的人工费而辛苦积攒的利润收为其囊中……"[①]

建立和完善知识产权制度，保护一切从事自然科学、社会科学和文学艺术工作者及其科研成果和创作，对建设社会主义物质文明和精神文明，提高全民族文化素质具有重大意义：首先，可以保护和发展社会生产力，确认科技成果人的民事主体地位，保护他们对其创造发明、科技成果及其参考与民事流转依法享有的权利，旨在发挥科学技术的先导作用，加速科技成果转化为现实生产力；其次，可以促进对外经济技术和文化的交流与合作。知识产权民法保护，有利于广泛调动科学、技术、文学、艺术工作者的积极性，开发智力成果，开拓技术市场，引进先进技术，扩大对外经济技术、科学文化的交流与合作；最后，可以保障社会主义精神文明和物质文明建设。建立和完善知识产权保护制度，有助于深化科学技术创造发明、文学艺术创作活动的行政管理体制改革，进一步把尊重知识、尊重人才制度化、法律化，确保脑力劳动者的国家主人地位和实现战略任务的"必须依靠力量"，激发其主人翁责任感和创造精神，保障社会主义精神文明和物质文明建设。

综上所述，在如今经济发展飞速的时代，拥有知识产权是一种财富，保护好知识产权也是一种财富。

---

① 法律快车：《古案今谈谈知识产权保护的重要性》，2019。据法律快车网 https://m.lawtime.cn/zhishi/a598220.html.

第五节　典型案例

一、iPad 商标权属纠纷案

2000 年，唯冠集团旗下的子公司分别在多个国家、地区注册了 iPad 商标，其中包括唯冠科技（深圳）有限公司（简称深圳唯冠公司）在中国大陆注册的 iPad 商标。2009 年，苹果公司通过 IP 申请发展有限公司（简称 IP 公司）与唯冠集团旗下一家子公司——台湾唯冠公司达成协议，约定将 iPad 商标以 3.5 万英镑价格转让给苹果公司。

2010 年 4 月 19 日，苹果公司、IP 公司向深圳市中级人民法院起诉深圳唯冠公司，主张根据 IP 公司与台湾唯冠公司签订的《商标转让协议书》及相关证据，请求判令深圳唯冠公司 2001 年获准在计算机等商品上注册的"iPad"商标专用权归其所有及判令深圳唯冠公司赔偿其损失 400 万元。

深圳市中级人民法院 2011 年 11 月 17 日作出一审判决，驳回了两原告的诉讼请求。苹果公司、IP 公司向广东省高级人民法院提出上诉。广东省高级人民法院最终促成双方以苹果公司支付 6 000 万美元达成调解。

二、华为技术有限公司与 IDC 公司标准必要专利使用费纠纷上诉案

华为技术有限公司（简称华为公司）与 IDC 公司就标准必要专利许可费或者费率问题进行了多次谈判，谈判期间，IDC 公司向美国法院提起诉讼，同时请求美国国际贸易委员会对华为公司等相关产品启动 337 调查并发布全面禁止进口令、暂停及停止销售令。华为公司遂向广东省深圳市中级人民法院提起诉讼，要求法院判令 IDC 公司按照公平、合理、无歧视（FRAND）的原则确定标准专利许可费率。

法院认为，无论是从字面上理解，还是根据欧洲电信标准化协会和美国电信工业协会中的知识产权政策和中国法律的相关规定，"FRAND"义务的含义均应理解为"公平、合理、无歧视"许可义务，对于愿意支付合理使用费的善意的标准使用者，标准必要专利权人不得径直拒绝许可，既要保证专利权人能够从技术创新中获得足够的回报，同时也要避免标准必要专利权利人借助标准所形成的强势地位索取高额许可费率或附加不合理条件。

本案是我国首例标准必要专利使用费纠纷，在知识产权法律适用上具有重要意义。本案使用了新的案由，为今后民事案由的修改与完善提供了实证。更为重要的是，本案就如何确定标准必要专利使用费问题，首次将"FRAND"原则作为裁判论述的依据，并提出计算的具体参照因素。

三、"金骏眉"通用名称商标行政纠纷案

2007 年 3 月 9 日，福建武夷山国家级自然保护区正山茶叶有限公司在第 30 类茶等商品上申请注册第 5936208 号"金骏眉"商标（简称被异议商标）。初审公告后，武夷山市桐木茶叶有限公司提出异议申请，国家工商行政管理总局商标局经审查裁定被异议商标予以核准注册。桐木茶叶公司不服该裁定，向国家工商行政管理总局商标评审委员会（简称商标评审委员会）提出复审申请，主要理由为"金骏眉"属于商品的通用名称，违反了《商标法》第十一条第一款第（一）、（二）项的规定，同时也违反了《商标法》第十条第一款第（八）项的规定。

2013 年 1 月，商标评审委员会裁定认为"金骏眉"已作为一种红茶的商品名称为相关公众所识别和对待，成为特定红茶约定俗成的名称。在案证据尚不足证明"金骏眉"已成为本商品的通用名称或仅仅直接表示商品主要原料的标志；裁定被异议商标予以核准注册。

四、"360 扣扣保镖"软件商业诋毁纠纷案

北京奇虎科技有限公司（简称奇虎公司）、奇智软件（北京）有限公司针对腾讯科技（深圳）有限公司、深圳市腾讯计算机系统有限公司的 QQ 软件专门开发了"360 扣扣保镖"软件，在相关网站上宣传扣扣保镖软件全面保护 QQ 软件用户安全，并提供下载。2011 年 8 月，腾讯公司等以上述行为构成不正当竞争为由，提起诉讼。

最终法院认为，奇虎公司等前述行为破坏 QQ 软件及其服务的安全性、完整性，本质上属于不正当地利用他人市场成果为自己谋取商业机会从而获取竞争优势的行为，违反了诚实信用和公平竞争原则，构成不正当竞争，遂判决奇虎公司等公开赔礼道歉、消除影响，并连带赔偿经济损失及合理维权费用共计 500 万元。

本案中，最高人民法院明确了互联网市场领域中商业诋毁行为的认定规则，明确了互联网市场领域技术创新、自由竞争和不正当竞争的关系。本案

对相关互联网企业之间开展有序竞争、促进市场资源优化配置具有里程碑式的意义。

五、周志全等 7 人侵犯著作权罪案

周志全于 2008 年 8 月注册成立北京心田一品科技有限公司，经营思路网站。2009 年 1 月至 2013 年 4 月间，周志全雇佣苏立源等人，未经著作权人许可，以会员制方式，将他人享有著作权的大量影视、音乐等作品以种子形式上传至思路网站，供 2.6 万余注册会员下载，在思路网站投放广告，并通过销售网站注册邀请码和 VIP 会员资格营利。寇宇杰于 2012 年 5 月至 2013 年 4 月间，雇佣崔兵等人，未经著作权人许可，复制他人享有著作权的电影至 4 000 余份硬盘中，并通过淘宝网店予以销售。

思路网站刊载高清资讯和高清电影，其链接到的论坛存有大量盗版电影和电视剧资源可供付费下载。通过这种方式，思路网积累了大量的注册用户，成为国内最"著名"的盗版高清电影网站。法院认为，周志全等人的行为均已构成侵犯著作权罪，分别判处各被告人有期徒刑一年至五年，并处罚金。该案判决对打击互联网环境下著作权犯罪、保护知识产权具有重要作用。

第三章　国家知识产权基础数据获取途径

第一节　专利数据获取途径

一、专利综合数据检索查询

（一）专利检索及分析系统

1. 系统介绍

专利检索及分析系统于 2011 年 4 月 26 日开始面向社会公众提供服务，系统依托丰富的数据资源，向社会公众提供简单、方便、快捷、丰富的专利检索与分析功能。通过此系统，用户可以进行专利检索（包括常规检索、高级检索、导航检索、药物检索等）和专利分析（包括申请人分析、发明人分析、区域分析、技术领域分析、中国专项分析等）。

网址：http：//pss-system.cnipa.gov.cn

2. 数据获取

专利检索及分析系统收录了包括中国、美国、日本等 100 多个国家、地区和组织的专利数据，同时还收录了引文、同族、法律状态等数据信息，社会公众可免费注册账号，通过申请号、公开（公告）日等条件在系统中进行检索，并在专利详览页面下载单件数据的摘要（包括申请号、申请日、发明人、摘要等字段）、全文文本以及全文图像信息，下载后的数据以 PDF 或 HTML 格式保存。

（二）新一代地方专利检索及分析系统（地方站点）

1. 系统介绍

新一代地方专利检索及分析系统（以下简称"新一代系统"）是国家知识

产权局为提高地方专利信息服务能力而自主建设的信息服务系统。新一代系统由专利检索及分析系统提供数据资源,目前已在 26 个省市地方站点进行部署,向公众提供免费、专业的专利检索及分析服务。

系统中包含 105 个国家与地区的专利数据资料,文献记录数达 1.83 亿,专利资源数据丰富、全面且更新及时。用户可以免费注册,使用方便、快捷且专业化的专利检索及分析服务,其中包含常规检索、高级检索、药物检索等多种检索模式,列表式浏览、附图浏览、详细浏览等多种浏览方式,时间分析、地域分析、申请人分析、中国专项分析等便捷分析功能。

新一代地方专利检索及分析系统升级改造后还提供以下功能:29 项著录项目批量下载,国民经济分类导航检索,用户消息定制推送及地方站点后台管理。系统还向用户提供自建库功能,用户可使用自建库工具免费、方便、快捷地创建产业或专属技术领域的专利数据库,并可与其他用户分享。各省市站点可将本站自建数据库与其他指定省市分享,实现区域间的信息协同共享。

网址: http://ggfw.cnipa.gov.cn:8010/PatentCMS_Center/template?t=newpatentsystem

2. 数据获取

系统分为普通用户和高级用户两种级别。社会公众免费注册成为普通用户后,即可在系统中查询并下载数据的摘要、全文文本以及全文图像信息;高级用户可批量下载数据的著录项目信息,每周最多下载 5 万条,最多下载 1 万次,下载的数据以 Excel 格式保存。成为高级用户需要向已部署地方站点的省市知识产权局提出申请,一般限于本省(市)用户。目前,新一代地方专利及检索分析系统已在全国部署 26 个地方站点:

天津	山西	辽宁	吉林
黑龙江	江苏	安徽	山东
河南	湖北	湖南	广东
海南	四川	成都	贵州
青海	宁夏	青岛	深圳
沈阳	济南	杭州	武汉
广州	内蒙古		

二、中国专利公布公告数据查询

（一）系统介绍

中国专利公布公告系统提供专利公布公告数据查询，并且提供高级查询、IPC 分类查询、LOC 分类查询、事务数据查询等多种查询方式。

网址：http：//epub.cnipa.gov.cn/

（二）数据获取

中国专利公布公告系统主要提供 1985 年至今的发明公布、发明授权（1993 年以前为发明审定）、实用新型专利（1993 年以前为实用新型专利申请）的著录项目、摘要、摘要附图，其更正的著录项目、摘要、摘要附图（2011 年 7 月 27 日及之后）及相应的专利单行本；外观设计专利（1993 年以前为外观设计专利申请）的著录项目、简要说明及指定视图，其更正的著录项目、简要说明及指定视图（2011 年 7 月 27 日及之后），外观设计全部图形（2010 年 3 月 31 日及以前）或外观设计单行本（2010 年 4 月 7 日及之后）以及相应事务数据的查询。

社会公众无须注册账号即可直接访问网站进行数据查询或下载单件 PDF 全文数据。

三、中国及多国专利公告及审查数据查询

（一）系统介绍

中国及多国专利审查信息查询系统提供中国国家知识产权局、欧洲专利局、日本特许厅、韩国知识产权局和美国专利商标局受理的发明专利审查信息查询。用户登录系统并进入中国及多国发明专利审查信息查询界面，输入申请号、公开号、优先权号即可查询该申请的同族（由欧洲专利局提供）相关信息，以及查询中、欧、日、韩、美等国家或地区的申请及审查信息数据。

网址：http：//cpquery.cnipa.gov.cn/

（二）数据获取

中国及多国专利审查信息查询系统分为电子注册用户查询和社会公众用户查询。

电子注册用户是指中国专利电子申请网的注册用户，该类用户可以在系统中查询注册名下所有专利申请数据的基本信息（包括申请号、申请日、申请人等）、费用信息（包括应缴费信息、已缴费信息、退费信息等）、审查信息（包括案件信息、发文信息、退信信息及专利证书发文信息等）、公布公告信息（发明公布／授权公告及事务信息等）和专利授权证书信息（包括专利授权证书图形文件）。

社会公众用户通过注册后可查询已公开数据的基本信息（包括申请号、申请日、申请人等）、审查信息（包括案件信息、发文信息、退信信息及专利证书发文信息等）和公布公告信息（包括发明公布、授权公告及事务公告等）。

四、复审和无效数据查询

（一）系统介绍

国家知识产权局免费向社会公众提供口审公告及审查决定数据查询。网址：http：//reexam-app.cnipa.gov.cn/reexam_out1110/searchIndex.jsp

（二）数据获取

社会公众无须注册账号即可通过专利申请号、名称等信息免费进行复审公告或审查决定数据的查询浏览。

五、专利数据批量获取

（一）系统介绍

专利数据服务试验系统于 2014 年 12 月 10 日起正式开通。社会公众可通过系统下载中国、美国、欧洲、日本和韩国各类著录项目、全文图像以及全文文本等基础数据资源共计 34 种。为保障服务质量和效果，该系统提供了知识产权出版社有限责任公司和中国专利信息中心两个服务站点。

系统主站点网址：http：//patdata.cnipa.gov.cn/
知识产权出版社有限责任公司服务站点网址：http：//patdata1.cnipa.gov.cn/
中国专利信息中心服务站点网址：http：//patdata2.cnipa.gov.cn/

（二）数据获取

社会公众通过 FTP 共享方式可在系统中批量下载 30 个自然日内的更新数

据，数据的基本格式包括 XML、PDF 以及 Word 等。

用户如需通过专利数据服务试验系统获取数据，需满足以下流程：用户注册—浏览数据资源—接受协议—上传证明文件—核对通过—FTP 下载数据资源。

第二节　商标数据获取途径

社会公众可通过中国商标网上服务系统获取相关商标数据，主要包括商标数据检索查询、商标公告查询、商标注册证明查询，部分商标注册审查决定文书、商标异议决定文书、商标评审文书查询以及商标基础数据批量获取。

网址：http：//sbj.cnipa.gov.cn/

一、商标数据检索查询

（一）模块介绍

商标网上检索模块于 2017 年 5 月改造完成并上线运行。系统为社会公众提供商标注册申请等信息查询，具备商标近似查询、综合查询、状态查询、公告查询、商品名称和服务项目查询以及错误信息反馈等功能。以不同场景展示商标信息，推动了数据价值的充分利用和便利服务，并通过错误信息反馈建立了沟通渠道，使数据错漏问题在较短时间得以解决。

（二）数据获取

社会公众无须注册账号即可根据商标注册号、商标名称、申请人名称等信息在系统中免费进行数据查询，并可查看商标的详细信息以及在业务流程中的状态。

二、商标公告查询

（一）模块介绍

商标电子公告模块提供中国商标公告信息数据查询，系统提供三种查询方式：第一种是查询最新发布的商标公告信息，系统首页展示了最新发布的近 12 期商标公告信息，可直接进行查询；第二种是查询指定期号商标公告信息，社会公众可通过公告期号直接查看该期商标公告的详细信息；第三种是查询全期商标公告信息。

系统自 2012 年 4 月 6 日起，为更好地方便异议人就国际注册商标提出异议，提供马德里国际注册公告链接，当事人及代理机构可通过该链接进入世界知识产权组织官方网站，查阅在线英文版公告。

（二）数据获取

本系统收录了 1980 年第 1 期至今的全部公告数据，社会公众无须注册账号即可根据公告期号、商标名称、注册号等信息精准查询商标公告信息，并可在详情页下载单件 JPG 格式的商标公告信息。若为声音商标，则显示播放按钮，点击即可播放相应的声音商标音频。

三、商标注册证明查询

（一）模块介绍

商标注册证明公示模块于 2018 年 11 月 27 日上线运行，该系统用于公示商标注册证和优先权证明、商标变更、转让、续展证明等证明类文件的基本信息。社会公众可通过商标注册号、申请人名称、商标名称等信息进行查询，了解上述商标文件的内容和效力。商标局在商标注册证增加二维码后，扫描商标证二维码可以链接到商标注册证明公示系统，查验其内容和效力。

（二）数据获取

社会公众无须注册账号即可通过注册号、申请人名称、商标名称等信息免费进行数据检索，还可对单件商标详细证明文件进行复制或打印操作。

四、商标注册审查决定文书查询

（一）模块介绍

商标注册审查决定文书模块向社会公众提供部分商标注册审查决定文书的检索查询。

（二）数据获取

社会公众无须注册账号即可根据商标申请号、名称及申请人等信息免费进行数据查询，并可对单件文书信息进行复制或打印操作。

五、商标异议决定文书查询

（一）模块介绍

商标异议决定文书模块向社会公众提供部分商标异议决定文书检索查询。

（二）数据获取

社会公众无须注册账号即可根据商标注册号、名称及异议人名称等信息免费进行数据查询，并可对单件文书信息进行复制或打印操作。

六、商标评审文书查询

（一）模块介绍

商标评审文书模块为社会公众提供商标评审文书检索查询。

（二）数据获取

社会公众无须注册账号即可通过商标注册号、名称等信息免费查询商标评审文书相关信息，还可对单件文书进行复制或打印。

七、商标基础数据批量获取

（一）模块介绍

2018 年 12 月 26 日对社会公众开放商标基础数据，社会公众可通过商标网上服务系统下载全部商标历史数据，具体范围覆盖注册商标基本信息、商品、服务信息、优先权信息、商标图样等内容，后期增量数据每月定期更新。

（二）数据获取

商标网上服务系统提供商标历史数据及增量数据的下载，具体内容涉及 8 张表，共计 60 个数据项，范围覆盖注册商标基本信息、注册商标商品 / 服务、商标代理人字典、商标注册人信息、注册商标图样、注册商标共有人信息、国际注册基础信息和注册商标优先权信息。

该系统用户分为非持有电子营业执照的商标申请人、持有电子营业执照的商标申请人、商标代理机构及律师事务所和无营业执照的自然人。不同用户注册方式不同：

非持有电子营业执照的商标申请人如需注册成为商标网上服务系统用户，应当先向国家知识产权局商标局申请"商标数字证书——软证书"（以下简称"软证书"），且软证书只能在同一台计算机上申请和使用。

持有电子营业执照的商标申请人如需注册成为商标网上服务系统用户，应当在线提交用户注册申请，用户信息审核通过后，即可使用电子营业执照登录系统。

商标代理机构及律师事务所如需注册成为商标网上服务系统用户，应当先向国家知识产权局商标局申请"商标数字证书——硬证书"。

无营业执照的自然人如需注册成为商标网上服务系统用户，应当申请"商标数字证书——软证书"。

第三节 地理标志数据获取途径

地理标志产品数据获取主要包括地理标志产品公告数据查询以及以集体商标、证明商标注册的地理标志数据查询。

一、地理标志产品公告数据查询

（一）系统介绍

社会公众通过下面的系统可查询地理标志产品公告数据。

网址：http：//dlbzsl.hizhuanli.cn：8888

其中，产品查询网址：http：//dlbzsl.hizhuanli.cn：8888/Product/Search

核准企业查询网址：http：//dlbzsl.hizhuanli.cn：8888/Logo/Search

（二）数据获取

系统提供地理标志产品公告数据查询，社会公众无须注册即可直接访问网站查询地理标志产品受理公告、批准公告及核准企业等数据信息，并可自行打印。

二、以集体商标、证明商标注册的地理标志数据查询

（一）系统介绍

以集体商标、证明商标注册的地理标志，作为商标的一种类型，其获取

途径同商标数据，与商品商标相同，系统介绍及网址参见商标数据获取途径中的商标数据检索查询。

（二）数据获取

以集体商标、证明商标注册的地理标志数据获取地址与商品商标数据获取地址相同，社会公众无须注册账号即可免费进行数据查询。

第四节　集成电路布图设计数据获取途径

一、集成电路布图设计公告数据系统介绍

通过下面的系统可查询集成电路布图设计公告数据。
网址：https：//www.cnipa.gov.cn/col/col164/index.html

二、数据获取

系统提供集成电路布图设计公告数据的查询。社会公众无须注册即可直接访问网站查询集成电路布图设计专有权公告、集成电路布图设计专有权终止公告及集成电路布图设计专有权事务公告数据。

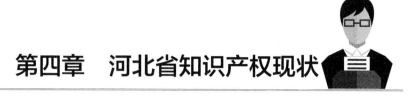

第四章　河北省知识产权现状

第一节　河北省市场监督管理局（知识产权局）

　　根据省委、省政府印发的《河北省机构改革方案》，为加强和改善市场监管，河北省将省工商行政管理局、省质量技术监督局、省食品药品监督管理局、省知识产权局的职责，以及省物价局的价格监督检查与反垄断执法职责、省商务厅的经营者集中反垄断执法职责等整合，组建省市场监督管理局，并于 2018 年 11 月 3 日正式成立，河北省市场监督管理局作为省政府直属机构，保留省知识产权局牌子。省食品安全委员会的具体工作由省市场监督管理局承担。组建省药品监督管理局（副厅级），作为省市场监督管理局的部门管理机构。

一、机构职能

　　（1）负责全省市场综合监督管理。起草全省市场监督管理有关地方性法规、政府规章草案，制定有关政策、标准，组织实施质量强省战略、食品安全战略、标准化战略、知识产权战略，拟订并组织实施有关规划，规范和维护市场秩序，营造诚实守信、公平竞争的市场环境。

　　（2）负责市场主体统一登记注册。指导全省各类企业、农民专业合作社和从事经营活动的单位、个体工商户以及外国（地区）企业常驻代表机构等市场主体的登记注册工作。建立市场主体信息公示和共享机制，依法公示和共享有关信息，加强信用监管，推动市场主体信用体系建设。

　　（3）负责组织和指导全省市场监管综合执法工作。指导全省市场监管综合执法队伍整合和建设，推动实行统一的市场监管。组织查处重大违法案件。规范市场监管行政执法行为。

　　（4）负责反垄断统一执法。组织推进竞争政策实施，指导实施公平竞争审查制度。依法对经营者集中行为进行反垄断审查,负责垄断协议、滥用市场支配地位和滥用行政权力排除、限制竞争等反垄断执法工作。指导企业在国外的反垄断应诉工作。

(5)负责监督管理市场秩序。依法监督管理全省市场交易、网络商品交易及有关服务的行为。组织指导查处价格收费违法违规、不正当竞争、违法直销、传销、侵犯商标专利知识产权和制售假冒伪劣行为。指导全省广告业发展,监督管理广告活动。指导查处无照生产经营和相关无证生产经营行为。指导省消费者协会开展消费维权工作。

(6)负责全省宏观质量管理。拟订并实施全省质量发展的制度措施。统筹全省质量基础设施建设与应用,会同有关部门组织实施重大工程设备质量监理制度,组织重大质量事故调查,组织实施缺陷产品召回制度,监督管理产品防伪工作。

(7)负责全省产品质量安全监督管理。承担省级产品质量安全风险监控、监督抽查工作。组织实施质量分级制度、质量安全追溯制度。实施工业产品生产许可管理。负责纤维质量监督工作。

(8)负责全省特种设备安全监督管理。综合管理特种设备安全监察、监督工作,监督检查高耗能特种设备节能标准和锅炉环境保护标准的执行情况。

(9)负责食品安全监督管理综合协调。组织制定全省食品安全重大政策并组织实施。推动健全食品安全地方党政同责和跨部门协调联动机制。负责食品安全应急体系建设,组织指导全省重大食品安全事件应急处置和调查处理工作。建立健全食品安全信息统一公布和重要信息直报制度。承担河北省食品安全委员会日常工作。

(10)负责食品安全监督管理。建立覆盖食品生产、流通、消费全过程的监督检查制度和隐患排查治理机制并组织实施,防范区域性、系统性食品安全风险。推动建立食品生产经营者落实主体责任的机制,健全食品安全追溯体系。参与食品安全风险监测,组织开展食品安全监督抽检、核查处置和风险预警、风险交流工作。按职责分工组织实施特殊食品监督管理。组织指导重大活动食品安全保障。

(11)负责统一管理全省计量工作。推行法定计量单位和国家计量制度,管理计量器具及量值传递和比对工作。规范、监督商品量和市场计量行为。

(12)负责统一管理全省标准化工作。依法承担组织制定省级地方标准,承担省级地方标准的立项、编号、批准发布工作。依法批准设区的市人民政府标准化行政主管部门制定市级地方标准。宣传贯彻强制性、推荐性国家标准和行业标准、地方标准。依法协调指导和监督市级地方标准、团体标准、企业标准制定工作。组织开展标准化国际、区域合作和参与制定、采用国际标准工作。

（13）负责统一管理全省检验检测工作。推进检验检测机构整合和改革，规范检验检测市场，完善检验检测体系，指导协调检验检测行业发展。

（14）负责统一管理、监督和协调全省认证认可工作。组织贯彻实施国家统一的认证认可和合格评定监督管理制度。

（15）负责推进全省知识产权管理工作。拟订加强知识产权强省建设的重大方针政策和发展规划。拟订和实施强化知识产权创造、保护和运用的政策和制度。

（16）负责保护知识产权。拟订严格保护商标、专利、原产地地理标志、集成电路布图设计等知识产权地方性法规并组织实施。组织起草相关政府规章草案及政策并监督实施。按照国家知识产权保护体系建设方案，推动建设知识产权保护体系。负责指导商标、专利执法工作，负责知识产权争议处理、维权援助和纠纷调处，指导各市开展相关工作。协调京津冀知识产权执法协作工作。

（17）负责促进知识产权运用。拟订知识产权运用和规范交易的政策，促进知识产权转移转化。规范知识产权无形资产评估工作。制定实施知识产权中介服务发展与监管的政策措施。

（18）负责建立知识产权公共服务体系。建设便企利民、互联互通的全省知识产权信息公共服务平台，推动商标、专利等知识产权信息的传播利用。指导辖区专利信息服务工作。

（19）承担国家知识产权局知识产权代办工作任务。负责知识产权的初审注册登记。组织实施原产地地理标志统一认定制度。

（20）负责全省市场监督管理科技和信息化建设、新闻宣传、对外交流与合作。按规定承担技术性贸易措施有关工作。负责统筹协调涉外知识产权事宜，承担知识产权对外转让审查工作。

（21）管理省药品监督管理局。

（22）完成省委、省政府交办的其他任务。

二、内设机构

河北省市场监督管理局（知识产权局）内设知识产权保护处、知识产权运用促进处、知识产权公共服务处、知识产权管理处（知识产权代办处）等业务处室，其职能介绍如下。

（一）知识产权保护处

承担知识产权保护体系建设相关工作。组织实施商标、专利侵权判断标准及保护执法的检验、鉴定和其他相关标准。承担原产地地理标志、集成电路布图设计、特殊标志和奥林匹克标志、世界博览会标志等官方标志相关保护工作。承担对商标、专利等执法工作的业务指导，负责知识产权争议处理、纠纷调处工作，指导维权援助工作。

（二）知识产权运用促进处

拟订和实施促进知识产权创造运用的政策措施。承担指导和规范知识产权无形资产评估工作。拟订规范知识产权交易的政策措施、办法。拟订和组织实施知识产权服务体系发展与监管的政策措施。负责专利申请资助、评奖等工作。

（三）知识产权公共服务处

组织实施全省知识产权信息公共服务体系和信息化建设，承担知识产权信息加工标准实施相关工作。承担商标、专利等知识产权信息的传播利用相关工作。承担知识产权统计调查分析发布工作。

（四）知识产权管理处（知识产权代办处）

组织实施知识产权战略，拟订建设知识产权强省的相关政策措施。组织开展知识产权风险预测预警工作。组织实施商标、专利、原产地地理标志、集成电路布图设计审查政策和授权确权判断标准。组织驰名商标推荐。办理商标专利质押登记和转让许可备案管理等有关工作。承担专利申请文件的受理，专利费用减缓请求的审批，专利优先审查推荐。负责对非正常专利申请等行为的信用监管。承担国家知识产权局和京津冀知识产权合作任务。承担省知识产权战略实施工作领导小组办公室日常工作。

第二节　河北省知识产权保护中心

一、机构设立及重要意义

为深入贯彻党中央、国务院关于实行严格知识产权保护的决策部署，加快建立产业知识产权快速协同保护机制，进一步优化营商环境，提升创新发展能力，促进产业结构调整和转型升级，2019 年 10 月 14 日，国家知识产权局正式批复同意建设中国（河北）知识产权保护中心。河北省知识产权保护中心为公益一类事业单位，核定事业编制 60 人，办公面积 3 000 平方米，等级规格相当于正处级。中心经国家知识产权局审批后，加挂"中国（河北）知识产权保护中心"牌子，实行"一个中心、两块牌子"，重点围绕节能环保产业和高端装备制造产业领域，开展集快速审查、快速确权、快速维权于一体，审查确权、行政执法、维权援助、仲裁调解、司法衔接相联动的产业知识产权快速协同保护工作。中心的成立对于推动京津冀协同发展、高起点规划建设雄安新区、办好北京冬奥会，对实现坚持创新发展、高质量发展的现实要求，对加快推进全面建设经济强省、美丽河北具有十分重要的意义。

保护中心成立后，河北省将实现集快速审查、快速确权、快速维权于一体，审查确权、行政执法、维权援助、仲裁调解、司法衔接相联动的产业知识产权快速协同保护机制。届时，发明专利的审查周期将大大缩短；专利权评价报告在 10 个工作日内出具，同时可承担复审及无效案件的立案审查工作。假冒专利案件和外观设计侵权案件一般在 10 日内办结，发明及实用新型侵权案件一般在一个月内办结。

二、业务目标

保护中心建设要遵循产业发展规律，坚持以制度创新为根本，以服务社会经济发展为导向，注重打通知识产权创造、保护、运用、管理、服务全链条，重点形成支撑产业快速发展的专利快速审查、快速确权、快速维权的便捷通道，有效发挥知识产权制度激励创新的保障作用，促进河北省国际商贸的便利化发展，为河北省实现创新驱动发展提供有力支撑。

其主要职责为：提供快速审查、快速确权、快速维权等工作；承担知识产权维权援助工作；组织提供知识产权侵权判定及赔偿额估算参考意见；对重大疑难知识产权案件组织研讨、论证和咨询服务；组织有关机构开展专利导航和预警工作；开展展会、博览会和知识产权维权援助工作；协助开展知识产权行政执法工作；开展知识产权信息分析利用工作；开展重大科技经济活动及高端人才引进的知识产权评议工作；承担国家知识产权局授予的知识产权快速协同保护等工作。

具体将实现以下业务目标：

（1）能够面向社会公众提供便捷的快速审查申请、举报投诉、专利权评价、专利管理和保护信息查询等服务功能。

（2）能够满足保护中心内部实现专利预审审查、专利复审无效审查等业务工作和相关服务的功能。

（3）为保护中心开展专利导航和专利运营服务提供信息化应用工具和对外服务窗口。

（4）方便保护中心开展内部综合业务管理和办公功能。

（5）能够满足国家知识产权局内部专利审查系统、保护中心业务申报与管理系统接入保护中心的基础信息化条件支撑的需求。

（6）能够满足专利快速审查和复审无效审查的基础信息化条件支撑的需求。

三、工作职责

（1）负责对备案申请主体提交的专利申请、专利复审或无效请求提供预审服务。

（2）负责对备案申请主体提交的实用新型、外观设计专利权评价报告请求提供预审服务。

（3）负责申请主体备案、预审专利申请、专利权评价报告请求、专利复审请求和专利无效请求的流程管理。

（4）负责向专利局、复审和无效审理部申请开展专利巡回审理或远程审理。

（5）负责知识产权保护协作工作。对接相关部门，协助设立知识产权巡回审判法庭，推进知识产权民事纠纷诉前和诉中委托调解；探索建立知识产权纠纷仲裁调解机制，建立健全调解知识产权纠纷机制，协同化解各类知识产权纠纷。

（6）承担受理权利人和社会公众提出的知识产权维权援助申请，提供知识产权维权援助服务；加强知识产权维权援助服务体系建设，指导分中心（工作站）开展知识产权维权援助服务工作；为重大公共知识产权纠纷或争端组织提供解决方案或建议；为展会、大型体育赛事、创新创业活动等提供驻场知识产权保护服务工作。

（7）承担国家知识产权局知识产权代办工作任务。负责知识产权的初审注册登记。

（8）承担专利申请文件的受理，专利费用减缓请求的审批，专利优先审查推荐等工作。

（9）负责办理专利质押登记和转让许可备案管理等有关工作。

（10）负责对非正常专利申请等行为的信用监管，规范专利申请行为。

（11）开展知识产权信用体系建设，建立产业知识产权失信"黑名单"，在一定时间内禁止其通过快速审查通道申请专利。

（12）开展实施产业关键技术专利导航、产业关键技术高 价值专利培育、产业关键技术知识产权运营。

（13）开展知识产权公益研讨、宣传、培训、展览和竞赛 工作。

（14）承担省市场监督管理局交办的其他工作。

四、部门设置

（一）办公室

负责单位的党群工作；负责单位日常运转，承担会务、机要、档案、信息、安全、保密、提案、信访、政务公开、督查督办、信息化等工作；负责财务管理工作和领导交办的其他工作。

（二）人事科

负责人事管理、教育培训、退休干部管理等工作；负责原省专利事务所退休人员的管理和服务工作。

（三）预审一科

负责对备案申请主体提交的节能环保领域和高端装备制造领域发明专利申请提供预审服务；负责快速确权，对备案申请主体提交的发明专利复审或无效请求提供预审服务工作；根据需要，向专利局申请开展专利复审和无效的巡回审理或远程审理工作。根据需要，配合快速维权科和社会服务科开展快速维权和信息化服务等工作。

（四）预审二科

负责对备案申请主体提交的实用新型、外观设计专利申请提供预审服务；负责申请主体备案、IPC分类号及外观设计分类号备案；对备案申请主体提交的节能环保领域和高端装备制造领域实用新型、外观设计专利权评价报告请求提供预审服务；负责申请主体备案、预审专利申请、专利权评价报告请求、专利复审请求和专利无效请求的流程管理工作。根据需要，配合快速维权部和社会服务部开展快速维权和信息化服务等工作。

（五）快速维权科

负责组织提供有关知识产权法律法规、授权确权程序与法律状态、纠纷处理方式、取证方法等咨询指导服务；为自然人、法人或其他组织的专利、商标、地理标志、集成电路布图设计等知识产权维权援助申请提供维权公益援助服务；为重大公共知识产权纠纷或争端组织提供解决方案或建议；根据委托事项出具侵权判定意见，为企业海外参展提供知识产权快速维权服务；协助开展知识产权行政执法工作，推进知识产权信用体系建设，建立产业知识产权失信"黑名单"，在一定时间内禁止其通过快速审查通道申请专利；组织提供知识产权侵权判定参考意见，开展知识产权保护协作，对接相关部门，协助设立知识产权巡回审判法庭，推进知识产权民事纠纷诉前和诉中委托调解；探索建立知识产权纠纷仲裁调解机制，建立健全调解知识产权纠纷机制，协同化解各类知识产权纠纷；加强知识产权保护服务体系建设，指导分中心（工作站）开展知识产权保护服务工作。为展会、交易会、大型体育赛事、创新创业活动、文化活动等提供驻场知识产权保护服务工作。

（六）社会服务科

负责实施产业关键技术专利导航、产业关键技术高价值专利培育、产业关键技术知识产权运营；承担国家知识产权局知识产权代办工作任务。负责知识产权的初审注册登记；承担专利申请文件的受理，专利费用减缓请求的审批，专利优先审查推荐等工作；负责办理专利质押登记和转让许可备案管理等有关工作；负责对非正常专利申请等行为的信用监管，规范专利申请行为。协助开展知识产权贯标认证、知识产权评议、优势培育、区域布局、分析预警等；重点产业知识产权大数据平台建设、知识产权信息化服务等；组织提供知识产权公益研讨、宣传、展览和竞赛工作。

五、条件建设需求

知识产权保护中心需要按照国家知识产权局《知识产权保护中心建设与运行指南》的有关要求完成保护中心办公场地、视觉识别系统和信息化系统的建设工作，这些是保护中心能够开通运行的基本条件保障。

其中保护中心的场地面积应不小于1 000平方米，设置受理大厅、展示宣传区、自助服务区、调解室、审理庭及合议室、大会议室（培训室）、小会议室、办公室、设备间、弱电间、卫生间、消防安全疏散通道等区域。信息化系统应当根据实际业务工作需要，按照国家知识产权局《知识产权平台开发规范》和《多媒体审理庭建设规范》要求进行保护中心信息化系统建设，设置保障业务软件系统运行的设备间和能够实现远程视频审理的审理庭。信息化系统建设是本项目中软件平台能够顺利运行的重要载体和基础。

六、业务范围

（一）快速预审服务

1. 申请主体备案

保护中心应当对拟进入快速审查通道的企业（或企业法定代表人）、高校、科研院所等进行备案管理，并将名录上报国家知识产权局专利管理司。未备案的企事业单位，保护中心不得通过快速审查通道将其专利申请提交至国家知识产权局。

（1）备案标准。将申请主体按照单位类型分为若干类，如地区支柱企业（大型企业）、高校和科研院所、专利密集型企业、小微企业、双创企业、外地到本地注册企业、合资企业、外资企业等。根据当地产业实际情况，每类企业固定分配一定数量的专利申请预审份额。

对每一类申请主体，根据保护中心所服务产业领域的专利申请量、专利授权率、有效专利权数量、专利质量（是否存在非正常申请）、专利运用、技术创新能力、研发投入、知识产权维权情况、是否存在恶意侵犯他人知识产权等情况（不限于以上因素）进行综合评价，同一类申请主体进行排序，择优选取纳入预审服务范畴的申请主体。

各中心可根据本地产业实际情况，制定综合评价标准，可采取对各项指标加权求和的方式进行评分。

保护中心确定初步的拟备案申请主体名单，上报国家知识产权局复核、批准确认后，完成备案。

备案标准和完成备案的申请主体名单，须向社会公开。

（2）备案管理。每个已备案单位每年提交的专利预审申请数量不得超过上一年度提交的专利申请总量的10%，或者100件。

保护中心每季度对完成备案的申请主体提交的专利预审申请数量、预审材料质量、预审过程中修改次数、保护中心预审后通过快速通道提交的专利申请的授权率等进行考核。

对于考核不合格的，根据考核结果，酌情取消其备案，并通知申请主体。

对完成备案的申请主体，有下列情形之一的，一经发现，立即取消其备案，并通知申请主体：

①提交虚假材料的；

②违反国家知识产权局《关于规范专利申请行为的若干规定（2017）》（局令第75号）第三条的规定，并被国家知识产权局标记有非正常申请案件的；

③专利申请经预审合格、进入快速审查通道后，违反《知识产权保护中心专利申请须知》及《承诺书》要求，导致专利快速审查无法顺利进行的；

④对提交专利预审材料质量不高、经过反复多次修改仍达不到预期要求，且数量占其提交的专利预审申请的50%以上的；

⑤专利申请获得授权后，一年内专利权转让超过5件且未报备或者报备理由明显不充分的，取消其备案资格。

已备案申请主体与未备案的申请主体作为共同专利申请人提出预审服务申请，需提交相应说明材料（共同研发合同等），且每个已备案申请主体每年此类专利申请不得超过5件。

申请主体备案名单，每半年可进行一次更新调整。

2.专利申请快速预审服务

（1）申报专利申请快速预审，需具备以下条件：

①申请主体为在保护中心备案成功的备案机构；

②拟提交的专利申请属于保护中心服务的技术领域；

③拟提交的专利申请不存在低质量、涉及国家安全或者重大利益、明显形式缺陷和单一性等问题；

④申请人申报专利申请预审服务时须签订《知识产权保护中心专利申请须知》和《承诺书》，并确保专利申请符合须知和承诺书中相关要求。

（2）预审的主要内容包括：

①保护中心对申请人拟提交的专利申请进行预先审查，包括对专利申请

文件的形式审查明显实质性缺陷审查及其他文件的形式审查；

②发明专利申请需提交的文件包括发明专利请求书、权利要求书、说明书（说明书附图）、说明书摘要（摘要附图）；

③实用新型专利申请需提交的文件包括实用新型专利请求书、权利要求书、说明书、说明书附图、说明书摘要及摘要附图；

④外观设计专利申请需提交的文件包括外观设计请求书、该外观设计的图片或者照片（各视图）以及对该外观设计的简要说明等文件。

（3）根据预审情况，形成保护中心预审结论，如存在缺陷，将缺陷告知申请人并要求申请人对申请文件进行修改以消除缺陷。

（4）通过保护中心预审合格的拟提交的专利申请，申请人向国家知识产权局专利局正式提交该专利申请，获得专利申请号后应立即缴费并于当日内将专利申请号提交至保护中心；

未通过保护中心预审的拟提交的专利申请，申请人可按照普通程序向国家知识产权局提交申请。

（5）保护中心对已正式向国家知识产权局专利局提交的专利申请（已获得专利申请号）进行审核，审核合格后，在专利审查系统中对专利申请号进行标注并提交。

3. 专利确权快速预审服务

（1）申报专利确权快速预审，需具备以下条件：

①请求主体为在保护中心的备案机构；

②相关专利属于保护中心服务的技术领域；

③符合专利法、专利法实施细则及保护中心公布的其他条件。

（2）拟请求的专利无效宣告案件预审的主要内容包括：

①无效宣告请求客体、无效宣告请求人资格、委托手续等是否符合要求；

②无效宣告请求人提交的专利无效宣告请求书、无效宣告请求范围及必要时附具的有关证明文件和说明所依据的事实是否符合要求；

③无效宣告请求人提交的必要的证据及结合提交的所有证据具体说明无效宣告请求的理由是否符合要求。

（3）拟请求的专利复审案件预审的主要内容包括：复审请求人的复审请求客体、复审请求人资格、期限、文件形式及委托手续等是否符合要求。

（4）通过保护中心预审合格的拟请求的专利复审案件和无效宣告案件，申请人向专利复审委员会正式提交专利复审和无效宣告请求，并反馈至保护中心，保护中心复核后将相应专利号提交至专利复审委员会。

未通过保护中心预审的拟请求的专利复审案件和无效宣告案件，申请人可按照普通程序向专利复审委员会提交请求。

经专利复审委员会授权的保护中心，可承担复审案件和无效宣告案件的立案审查等工作。

4. 专利权评价报告快速预审服务

（1）申报专利权评价报告快速预审，需具备以下条件：

①实用新型或外观设计专利评价报告请求主体为在保护中心的备案机构；

②相关专利属于保护中心服务的技术领域；

③符合专利法、专利法实施细则及保护中心公布的其他条件。

（2）预审的主要内容包括：

①专利权评价报告请求的客体、请求人资格、委托手续等是否符合要求；

②专利权评价报告请求书、相关的文件（请求人是利害关系人的，提交的相关证明文件）是否符合要求；

③通过保护中心预审合格的专利权评价报告请求，申请人向国家知识产权局专利局提交正式评价报告请求，并反馈至保护中心，保护中心复核后将相关专利号提交至国家知识产权局。

未通过保护中心预先审查的专利评价报告请求，申请人可按照普通程序向国家知识产权局专利局提交请求。

（二）快速维权服务

1. 知识产权快速维权援助服务

实现知识产权维权援助案件的快速受理、快速办理、快速反馈。

2. 知识产权侵权判定咨询服务

建立知识产权侵权判定咨询机制，成立维权援助专家库，充分发挥专业人员和专利数据资源的作用，根据请求，对知识产权局、请求人提交的知识产权侵权纠纷判定委托，出具侵权判定咨询意见。

（三）保护协作服务

1. 支持执法协作

配合知识产权局加强与公安、工商、版权、海关等相关部门的执法协作，强化优势产业的知识产权保护信息沟通、数据共享、风险研判和办案协作等机制，配合开展联合执法行动，协同打击知识产权侵权假冒行为。

2. 联合惩戒知识产权失信行为

联合相关部门建立产业知识产权失信"黑名单"，将存在重复侵权、拒不执行行政处理决定或行政处罚决定、连续提交非正常申请及违法违规从事专利代理者列入"黑名单"。结合实际需要，可定期面向社会公布知识产权失信"黑名单"，并对失信企业进行联合惩戒。

3. 推进与司法衔接

与人民法院、公安、检察院等司法部门探索建立信息共享、工作互动、执法协作等协作机制，设立知识产权巡回审判法庭，强化行政执法与刑事司法的紧密衔接，对行政调解执行当事人拒不履行行政决定的，促进人民法院、公安、检察院快速依法依规及时受理、司法鉴定、审查并执行，发挥好行政保护与司法保护的优势互补作用。

在保护中心主持下达成的专利侵权纠纷调解协议，可引导知识产权纠纷双方当事人自调解协议生效之日起三十日内共同向法院申请司法确认。在人民法院依法确认调解协议的效力后，保护中心应对调解协议的履行情况进行监督，督促当事人履行约定的义务。一方当事人拒绝履行或者未全部履行的，应告知对方当事人向人民法院申请执行。因不符合法律规定的，被人民法院裁定驳回司法确认申请的，保护中心可以组织当事人通过二次调解变更原调解协议或者达成新的调解协议。

4. 仲裁

加强与知识产权仲裁机构的合作，探索建立知识产权纠纷仲裁机制，完善仲裁协议效力、证据规则、仲裁程序、裁决依据等内容，积极发挥仲裁制度在化解各类专利纠纷方面的作用。

5. 社会调解

加强与人民调解委员会等各类社会调解机构的合作，尤其是知识产权人民调解委员会，建立知识产权调解专家库，鼓励和支持社会调解机构或者人民调解员共同进行调解，建立健全调解知识产权纠纷机制。

6. 引导行业自律

建立与相关行业协会沟通协作机制，推进成立产业知识产权保护联盟，指导联盟组织各成员签订知识产权保护承诺书，建立对存在恶意侵权行为的企业采取惩罚措施机制，促进行业自律。指导建立产业知识产权侵权监控机制，对相关领域知识产权布局情况进行有针对性的跟踪分析，预判知识产权风险和威胁。指导建立产业知识产权风险应对机制，主动采取知识产权联合布局、防御性知识产权收购、知识产权许可谈判和启动专利权无效程序等多种形式，共同应对可能发生的产业重大知识产权纠纷与争端，增强风险防范和处置能力，保障产业发展安全。

（四）综合服务

按照知识产权"大保护"的理念，为发挥保护中心的人才优势、服务资源和支撑作用，保护中心主要承担产业专利导航、专利分析预警、高价值专利培育运营等相关的政府委托任务和产业共性的公共服务。

1. 专利导航服务

根据知识产权局的委托，保护中心可承担本区域内的专利导航项目组织实施工作，按照知识产权局及相关部门的要求，根据相关区域发展战略和产业发展规划，拟定本区域产业专利导航工作计划，编制项目申报指南，制定管理规范和业务标准，并具体组织实施。

保护中心围绕确定的重点产业领域，主动开展前瞻性专利导航分析，跟踪产业知识产权竞争态势，预警产业知识产权风险，明晰产业发展方向和创新重点，规划产业结构调整和升级路径，为相关政府部门提供信息参考和决策支撑，打造专业性知识产权智库。

保护中心集成专利导航相关服务和人才资源，与相关服务机构建立合作关系，组织项目实施团队和专家顾问，积极承担各级政府、产业园区、行业协会、企事业单位等委托的各类专利导航、布局设计、分析预警等项目。

2. 专利运营服务

保护中心建立高价值专利培育联动机制，将快速审查与确权、快速维权、保护协作等业务与政府引导支持的产业专利导航、高价值专利培育等项目载体有效对接，予以重点支持，打通专利导航布局与审查确权、维权保护的快速通道，积极培育高价值专利组合。

保护中心围绕当地产业发展共性需求和公共领域，与行业协会、产业知识产权联盟、龙头企业等深度合作，因地制宜开展产业知识产权运营服务，与国家知识产权运营公共服务平台等进行项目对接，推动行业知识产权协同创造、联合保护、集中管理和集成运营。有条件的保护中心可承担产业知识产权联盟秘书处的职能。

（五）运行管理服务

1. 质量管理

保护中心要强化质量导向，将质量管理制度化、常态化，严格把控专利预审服务质量，杜绝将非正常、超出接收区域或领域范围、不符合接收主体要求（未进行备案）、预审后仍存在明显缺陷的专利申请提交至国家局。对提交恶意申请的申请人，将其列入失信"黑名单"。

结合保护中心实际工作需要，建立预审服务质量管理机制，设立质检工作组，根据国家知识产权局相关工作要求，明确预审服务质量标准和操作流程，以预审员互检、质检组抽检等方式加强预审服务质量管理，定期发布质量检查报告，强化预审服务周期管理等。强化质检结果的运用，建立质量奖惩机制。

2. 保密管理

根据业务实际需要，为切实保障申请人利益，保护科技创新成果，加强保护中心工作人员保密意识，强化责任担当，明确保密责任，保护中心应当建立保密责任机制。

保护中心应当依据《知识产权工作国家秘密范围的规定》及相关部门或行业国家秘密范围的规定，确定快速协同保护工作的保密信息范围。

保护中心任用、聘用涉密岗位工作人员应当按照有关规定进行任前审查。涉密岗位工作人员上岗前应当经过保密教育培训，掌握保密知识技能，签订保密承诺书，严格遵守保密规章制度，不得以任何方式泄露保密信息。

保护中心应严格限定涉密载体接触人员范围，涉密载体的制作、收发、传递、使用、复制、保存、维修和销毁应当符合国家保密规定。收发涉密载体，应当履行清点、编号、登记、签收手续。

3. 信息上报

为规范知识产权保护中心的人员、业务管理，明确保护中心管理目标，同时为保护中心的定期考核提供参考，各保护中心应执行信息上报制度，定期报送相关信息内容，具体上报内容包括以下几点：

（1）保护中心应当每月 5 日向国家知识产权局专利管理司上报协助执法办案数量，接收各类预审服务申报数量，预审合格并提交至国家局的专利申请、评价报告申请和复审无效案件数量等数据。每季度以专报形式上报各项业务开展情况、典型案例、工作亮点等信息，涉及的各项业务包括预审服务业务、快速维权业务、专利导航与运营等。

（2）保护中心应当及时向国家知识产权局专利管理司上报申请主体备案信息，如信息发生变化，需实时更新。

（3）保护中心应当保持业务工作人员稳定，保护中心领导及工作人员因工作需要变动，应当及时向国家知识产权局报备。每年 12 月需将本中心工作人员信息报备至国家知识产权局专利管理司，并标明相对上一年度的人员变更情况。

4. 绩效考核

国家知识产权局专利管理司牵头每年对运营满 1 年的保护中心工作情况开展绩效考核。考核内容主要包括以下指标：

（1）协助知识产权局执法办案数量，包括调解专利纠纷数量、协助查处假冒专利数量、电子商务领域侵权纠纷调解量、展会侵权纠纷调解量等；

（2）协助执法办案质量（案卷评查得分）；

（3）预审服务合格质量，包括预审合格后三种专利申请的授权率、通过保护中心提交至国家局的专利申请是否存在超出备案主体范围和超出领域范围的问题、是否为非正常申请、发明专利是否存在明显缺陷导致不能进入实质审查和存在明显新颖性缺陷等问题、实用新型专利是否存在明显实质性缺陷、外观设计专利是否存在明显实质性缺陷、专利评价报告预审质量情况、复审无效案件预审质量情况；

（4）运营导航项目开展情况；

（5）有关工作机制建设情况，包括与司法衔接机制建设（设立巡回法庭）、申请主体备案机制、保密制度、"黑名单"制度等；

（6）信息报送情况，是否按要求及时、准确、全面上报各类信息；

（7）人员培训情况，包括工作人员参加国家局组织的预审业务培训及执法培训出勤情况、预审员参加国家局组织预审业务培训考评成绩等情况；

（8）主题宣传工作开展情况；

（9）条件建设情况，包括人员到位、专项经费等情况。

若年度考核不合格（60 分以下），须限期整改，对连续两年审核不合格的，取消参与快速审查、快速确权工作资格。

（六）快速审查与确权服务

（1）对河北省两大重点产业（包括节能环保和高端装备制造产业）拟请求加快的发明、实用新型、外观设计专利申请，开展预审服务。通过预审服务的专利请求，由国家知识产权局专利审查部门进行快速审查。

（2）对河北省两大产业拟请求的复审请求和无效宣告请求，开展预审服务，包括复审和无效请求的形式审查。

（3）对河北省两大产业拟请求的实用新型和外观设计专利评价报告请求，对申请材料进行审核。

（4）根据需要，向专利局和专利复审委员会申请开展专利巡回审理或远程审理。

（七）专利导航与运营服务

1.开展产业关键技术专利导航服务

围绕节能环保、高端装备制造产业，实施产业规划类专利导航项目，明晰产业发展方向和创新重点，研判产业创新发展的方向和路径，规划产业结构调整和升级路径；实施企业运营类专利导航项目，为企业开展专利布局储备提供前瞻性分析，指引企业进行产业核心技术与关键环节的专利布局。

2.开展产业关键技术高价值专利培育服务

以知识产权运营为目的，推动建立"产、学、研、金、介、用"深度融合的产业关键技术研发体系，积极构建专利组合；面向关键技术和产品联合进行多类别、多地域、多层级、多用途的专利布局，构建一批产业需求导向的重点专利池。中心的快速审查与确权、快速维权、保护协作等业务对产业关键技术高价值专利培育项目给予重点支持。

3.产业关键技术知识产权运营服务

定期征集产业关键技术知识产权项目需求，建设产业关键技术知识产权运营项目库，与国家知识产权运营公共服务平台进行对接，为专利技术二次开发和产业化、投融资、许可转让等提供服务。

4.其他服务

开展知识产权评议、区域布局、分析预警等工作。

（八）数字庭审系统建设

数字庭审系统的设计和开发将实现以下技术目标：

1.符合国家局复审委员会全网管理系统规范要求

可直接纳入国家局专利复审委员会全网管理系统，以满足国家局进行统一调度、数据采集、信息共享、统一更新、业务协作等要求。

2.统一的系统接口

建立音视频信息、笔录信息、证据信息、案件信息等数据统一的系统接口，以便各品牌设备与多媒体庭审系统进行对接。

3.统一的核心设备规范和应用参数规范

建立庭审主机输入端口配置、编解码规范和音视频、笔录、证据等参数规范，以便各设备间数据无障碍交换。

4.界面人性友好，操作简单

系统操作方便快捷，提供全面的使用帮助和操作向导。

5.系统稳定可靠

系统经过设计、测试、试用，能够具有良好的可靠性和稳定性。

（九）网络及网络安全系统建设

1.层次化设计

将网络系统划分层次，分清各层主要功能，建立合理的网络结构，是网络系统设计成功的关键。合理清晰的层次划分和设计，可以保证网络系统稳定可靠、接入安全、便于扩充和管理、易于故障隔离和排除。

2.可靠性设计

提供高可靠性的冗余设计，减少单点故障，实现故障时的快速恢复机制，提供跨交换机的 VLAN（虚拟局域网）功能。全网内不同 VLAN 的生成树互不影响。提供智能的交换机生成树加速功能，并能自动隔离生成树故障。

3.可扩展性设计

根据目前建设工程项目的设计的业务需求，全网将建成无阻塞的高速网络，能够承载多协议多业务。这种业务趋势和网络规模发展要求网络具有良好的可扩展性，以适应不断增长的业务需求，保护网络建设的投资。

4.整体实用性

网络建设应具备路由协议与生成树协议的快速收敛，网络的结构和性能优化，网络结构的 IP 优化，IP 路由协议的优化，IP 包转发的优化，高速路由查找和包转发，QoS（服务质量）控制带宽优化，完整的网络管理等功能。

5.可控接入

结合身份认证、客户端准入等技术，在确认用户身份和授权权限后才允许接入，以杜绝非法访问。此外，办公人员日常使用时，所有数据的传输和存储都会全程加密，从而实现网络的安全隔离和数据保护。

七、业务流程

（一）专利申请辅助审查

对企业提交的发明、实用新型和外观设计专利申请提供预审服务，包括对专利申请文件进行形式审查和初步审查，同时在必要情况下对发明创造进行检索，提供具备新颖性、创造性和实用性的参考意见。发明专利预审服务工作自申请主体提交申请后1.5个月内完成，实用新型专利预审服务在15日内完成，外观设计专利预审服务在5日内完成。通过预审服务后，将满足快速审查要求的专利申请材料报送到国家知识产权局申请进行快速审查。建立专利审查质量监督体系，组建专家库，对发明、实用新型、外观设计专利预审质量进行审查、监督。

专利预审服务流程为：申请主体提交备案申请材料，保护中心备案；申请主体提交专利申请文件，保护中心提供预审服务；通过预审服务后，申请主体向国家知识产权局提交专利申请，获取申请号，将申请号提交至保护中心；保护中心审核合格后进行标注并提交至国家知识产权局开通的快速通道进行加快审查；未通过保护中心预审服务加快的申请材料，申请主体可以按照普通申请程序向国家知识产权局提交申请。

（二）复审无效辅助审查

对企业提交的专利复审或无效请求提供预审服务，自申请主体提交申请后2个月内完成复审预审、1个月完成无效预审，建立河北省专利复审和无效快速通道，将满足快速审查要求的专利复审或无效请求材料报送到专利复审委员会申请进行快速确权。

快速确权流程为：申请主体将专利申请复审请求文件或无效宣告请求书提交至保护中心；保护中心提供复审或无效预审服务，对复审请求文件或无效宣告请求书进行初步审查；通过预审服务后，申请主体将复审请求、无效案件及预审意见提交至国家知识产权局专利复审委员会，针对复审请求，专利复审委员会受理复审请求从而启动快速复审程序；针对无效案件，专利复审委员会加快审查确权；未通过预审服务的案件，申请主体可以按照普通非加快程序提交请求书。

（三）快速维权处理

接受上级管理专利工作部门的委托，查处假冒专利行为、调解专利纠纷，开展专利侵权判定咨询服务，加快专利侵权纠纷案件的快速受理、调查取证、举证答辩、调解或移送司法办理，假冒专利案件和外观设计专利侵权案件的查处在 10 日内完成，发明及实用新型专利侵权案件在 1 个月内结案，对审理案件快速反馈和跟踪。

处理专利侵权纠纷流程：对请求人的专利侵权纠纷案件请求进行受理，2 个工作日内完成审查，审查合格后，向请求人发送《专利侵权纠纷处理请求受理通知书》；请求人提交证据材料完毕后，执法人员进行立案审核；成立合议组，对证据进行认定，在调查认定案件事实的基础上依法及时结案。

查处假冒专利行为流程：保护中心发现或者接受举报、投诉发现涉嫌假冒专利行为的，自发现之日起 2 个工作日内或者收到举报、投诉之日起 2 个工作日内立案；指定 2 名或 2 名以上执法人员进行调查取证；经调查取证，案件事实清楚、证据确凿的，调查终结，由承办案件的执法人员针对案情提出处理意见；认定假冒专利行为成立的，责令行为人停止假冒专利的行为并采取改正措施。

（四）专利权评价报告预审

对企业提交的实用新型和外观设计专利权评价报告请求提供预审服务，在 15 日内完成，将预审通过的专利权评价请求材料报送到国家知识产权局，快速出具专利权评价报告。

专利权评价报告预审服务流程为：申请主体提交专利权评价报告请求书至保护中心，保护中心进行预审服务；通过预审服务后，申请主体向国家知识产权局提交专利权评价报告请求文件；保护中心将预审服务通过的请求加快出具专利权评价报告的专利号及预审意见每周批量提交至国家知识产权局；未通过预审服务的请求，申请主体可以按照普通非加快程序提交请求书。

第五章 知识产权信息化
项目建设

第一节 信息化项目整体规划及总体设计

一、建设背景

（一）大数据发展前景

目前，我国在大数据发展和应用方面已具备一定基础，拥有市场优势和发展潜力，但也存在政府数据开放共享不足、产业基础薄弱、缺乏顶层设计和统筹规划、法律法规建设滞后、创新应用领域不广等问题，这些问题亟待解决。坚持创新驱动发展，加快大数据部署，深化大数据应用，已成为稳增长、促改革、调结构、惠民生和推动政府治理能力现代化的内在需要和必然选择。

在未来 5～10 年，我国将推动大数据的发展和应用，打造精准治理、多方协作的社会治理新模式；建立运行平稳、安全高效的经济运行新机制；构建以人为本、惠及全民的民生服务新体系；开启大众创业、万众创新的创新驱动新格局；培育高端智能、新兴繁荣的产业发展新生态。

（二）知识产权行业发展背景

国家知识产权战略实施以来，我国知识产权创造运用水平大幅提高，保护状况明显改善，全社会知识产权意识普遍增强，知识产权工作取得长足进步，知识产权战略对经济社会发展发挥了重要作用。同时，我国仍面临知识产权大而不强且多而不优、保护不够严格、侵权事件易发多发影响创新创业热情等问题，亟待研究解决。当前，全球新一轮科技革命和产业变革蓄势待发，我国经济发展方式加快转变，创新引领发展的趋势更加明显，知识产权制度激励创新的基本保障作用更加突出。

2015 年 12 月，国务院发布了《关于新形势下加快知识产权强国建设的若干意见》①，提出推进专利数据信息资源开放共享，增强大数据运用能力，加快建设互联互通的知识产权信息公共服务平台，实现专利、商标、版权、集成电路布图设计、植物新品种、地理标志等基础信息免费或低成本开放，依法及时公开专利审查过程信息。增加知识产权信息服务网点，完善知识产权信息公共服务网络。

河北省经济发展已进入结构优化、动力转换的重要时期，创新引领发展的趋势更加明显，知识产权制度激励创新的基本保障作用更加突出。近年来，通过深入实施知识产权战略，河北省知识产权强省建设取得较快进展。2016年 4 月，河北省在全国率先出台《关于加快知识产权强省建设的实施意见》②，2017 年重新修订《河北省专利条例》③。河北省围绕知识产权创造、运用、保护、管理、服务五大关键环节，实行更加严格的知识产权保护，完善知识产权体制机制，为培育河北省转型升级新动能，加快经济强省、美丽河北建设作出了贡献。

河北省为深入贯彻落实知识产权强国战略，结合河北省产业创新驱动发展的定位和需求，加快推进创新驱动发展和供给侧结构性改革，提出打造实现专利（发明、实用新型和外观设计）快速授权、确权和维权的一体化，审查确权、行政执法、维权援助、仲裁调解、司法衔接相联动的知识产权快速协同保护平台，推进知识产权领域改革创新，实现知识产权支撑产业创新发展的目标；重点提出促进知识产权信息利用、提升知识产权公共服务水平、推动知识产权服务业健康发展、加强知识产权服务业监管等建设方向。

（三）知识产权大数据发展趋势

在大数据时代下，海量数据经过大数据技术的采集、管理、处理并整理，能够精练为对企业经营决策有较高参考价值的资讯。大数据不仅意味着能够对海量数据进行专业化处理、挖掘和分析，还是一种颠覆思维的技术变革。大数

---

① 国务院：《国务院关于新形势下加快知识产权强国建设的若干意见》发〔2015〕71 号，2015。据中华人民共和国中央人民政府网：http://www.gov.cn/zhengce/content/2015-12/22/content_10468.htm。

② 河北省人民政府：《河北省人民政府关于加快知识产权强省建设的实施意见》，2016。据国家知识产权战略网：http://www.nipso.cn/onews.asp?id=32769。

③ 河北省人大（含常委会）：《河北省专利条例》，2017。据河北省市场监督管理局（知识产权局）网：http://scjg.hebei.gov.cn/info/4376.

据是促进知识产权业态发展的技术支撑，知识产权是大数据创新技术的应用载体，知识产权和大数据既是资源又是手段，两者相互促进、互相融合。知识产权与大数据作为创新发展的重要资源和核心要素，已上升到国家战略层面，共同构成建设创新型国家、深化改革、提升经济的一体两翼。

（四）知识产权大数据中心建设意义及价值

知识产权大数据应用对社会经济的发展具有重大意义和价值，从社会意义角度来说，知识产权汇集了人类智慧的结晶，大数据通过数据抓取和分析技术辅助知识产权行业监管（如知识产权侵权监测、预警等），从而推动了社会科技创新和知识产权创造；从经济意义角度来说，知识产权大数据的挖掘与利用能够有效促进经济发展，能够在产业布局、企业决策、高科技产业发展方面发挥很好的引导和决策作用。

河北省建立知识产权大数据中心后能够将数量庞大、来源分散、格式多样的知识产权资源要素进行集约化整合、网络化共享、协作化开发和高效化利用，从而打破信息孤岛，为整个市场提供开放、透明、全面、公正的数据服务，破除用户在专利运营各个环节遇到的信息不畅的困境，从而有效地推动河北乃至全国的专利运营工作快速、蓬勃发展，为创新驱动发展、经济转型升级提供支撑。

1. 提升河北省知识产权行业服务水平

知识产权大数据的应用可以从提升监管水平、服务企业和民生等不同角度出发，为知识产权监管部门、知识产权行业企业、公共大众等提供业务支撑服务，体现了三大方面的价值：对于服务政府 / 监管部门，实现了知识产权监管部门的服务供给优化，能够提高监管水平；对于服务行业企业，帮助企业有效实施知识产权战略，能够提高知识产权运用和保护实效；对于服务个人 / 大众，提供全面、精准检索、高效分析等服务，能够提高和促进大众对知识的积累和合理运用。

2. 打造全国知识产权大数据应用标杆

知识产权大数据运营平台以知识产权数据融合为中心，业务库为支撑体系，通过大数据产品和服务在河北省知识产权行业的应用，实时监测和检验知识产权大数据产品及服务的应用效果，通过效果的反馈可以持续对数据采集、指标口径、数据质量、数据安全等环节提出更高的要求，推动知识产权数据资源完善升级，促进整体的标准体系和大数据产品不断完善，以此来打造全国知识产权大数据应用标杆。

3. 促进知识产权产业集聚式发展

能够推进知识产权服务业发展，扩大服务规模、完善服务标准、提高服务质量，培育知识产权服务市场，形成一批知识产权服务业集聚区。

知识产权大数据中心的建设对知识产权服务业、金融业、信息化服务业、传统制造业等产业都将起到很好的提升和支持作用。可以利用知识产权大数据中心，围绕河北省地域特色和优势，在各产业链间实现信息集成，促进知识产权产业集聚式发展。

二、建设目标

建设知识产权综合服务平台有助于积极构建信息互联互通机制，推动河北省及其他省市知识产权局各类政务和专题信息数据有效流通共享，同时进一步加强省际横向协作互动和优势互补，合力打造知识产权良好生态环境。

知识产权综合服务平台以一个"数据中心"、六大"业务支撑"、三大"应用方向"为建设准则。六大业务库日常运营产生的数据、互联网采集的数据、第三方知识产权服务提供商数据等多维度、多渠道的数据资源都汇集到大数据运营中心，该中心采用大数据技术进行数据归集沉淀、清洗规范、共享开放、应用、安全保障等分析后，将分析结果以可视化的形式提供给知识产权相关部门，这样一方面，可以夯实知识产权业务库的基础资源，提升运营效率，打破信息孤岛，实现资源共享；另一方面，可以帮助企业创新业务管理模式，提升政府监管水平，增加政府部门的公信力。

三、建设原则

（一）统筹规划、分步实施

遵循"统一规划、统一组织、统一实施"的原则，从整体上进行科学统筹规划设计，然后分阶段、分步骤扎实推进。

（二）统一标准、避免孤岛

要统一标准，如服务标准、安全标准、数据格式标准等，以避免信息孤岛的形成，有利于数据的交换共享。

（三）落地应用、适度超前

采用云计算、大数据等先进的信息技术，进行科学合理的系统方案设计，保证建成后的知识产权大数据工程符合当前应用需求，并在技术上有一定的超前性，以适应长时间内对大数据的应用需求。

（四）发展至上、兼顾安全

在确保支撑大数据行业发展的同时，还应充分考虑硬件设备、网络环境等信息安全要素，通过安全管理措施和制度，确保系统安全稳定运行。

（五）示范带动、循序渐进

结合国家知识产权发展战略，根据地方资源能力与发展特色，合理选择知识产权大数据中心建设内容，形成示范先行、经验推广、均衡发展、循序渐进的建设格局。

四、建设内容

（一）标准规范体系

1.概述

知识产权标准规范体系是由与知识产权数据融合共享应用体系建设、运作及管理有内在联系的标准组成的科学的有机整体，是知识产权大数据应用体系的重要组成部分。作为指导知识产权行业标准化建设的指导性文件，完善的标准规范体系框架是促进河北省知识产权大数据应用体系快速建设、健康发展的基础。

（1）基础标准：主要规范知识产权有关的基本术语以及数据元，形成对知识产权定义的界定和使用范围的统一规范。

（2）技术标准：主要规范知识产权相关数据采集、加工、使用、披露过程中的技术以及安全环境、保障系统的互联互通，实现知识产权数据资源共享。

（3）产品规范：主要规范知识产权管理机构提供的各种报告及产品的格式、内容和质量等，提高知识产权行业服务水平。

（4）服务标准：主要规范开展知识产权行业服务（如知识产权资质申请、资产评估等活动）中的管理制度、行业标准等。

（5）管理标准：主要规范专利、商标、著作权、专利交易平台等知识产权管理部门的资质审批、监督检查、行政处罚等管理行为的原则、内容和方式，促进知识产权管理部门依法合规管理知识产权市场。

知识产权信息标准化发展与实践

（6）安全标准：主要是针对专利、商标、版权等基础数据，标准、期刊、论文、图书等科技文献数据，政策法规、知识产权交易信息、竞争对手动态等其他数据的采集、加工、使用、披露过程中的信息安全行为进行规范，主要包括物理安全标准、安全防护标准、安全管理标准、安全检测标准等。

2. 标准规范主要内容

标准规范制定的具体内容包含但不限于以下内容。

（1）数据管理制度建设。管理制度本身是由人来制定和执行的，应尽量做到科学全面，符合实际情况，使人们乐于接受制度管理。信息资源共享交换体系的建设涉及资源提供方、资源管理方、资源使用方、平台管理运维单位、平台建设单位等各相关部门及人员，管理对象包括信息资源、平台软件系统。信息资源共享交换体系自行订立管理制度是信息资源能够长效共享交换的关键因素，包括信息资源管理维护制度、技术平台管理维护制度两类。

（2）项目建设管理制度。项目建设制度是在平台建设期间为建设方、承建方的工作提供指导性意见的制度。信息资源共享项目可以分为资源建设、平台建设和应用（服务）建设三大类，与原来以部门为中心的建设不同，大都是跨部门的建设，需要对项目的计划、投资、立项、招投标、建设、验收、运行维护、外包（特许经营）、成果、试点示范等全项目生命周期进行管理。本制度依循《国家电子政务工程建设项目管理暂行办法》相关章节进行制定。

（3）资源管理维护制度。资源管理维护制度涵盖信息资源目录的采集、编目、注册、审核、发布、注销、访问的整个生命周期以及资源提供方、资源需求方、资源管理方等相关各方。

（4）平台管理维护制度。平台管理维护制度对平台的日常管理维护工作进行规范。包括共享交换中心和前置交换机的内部管理、对外服务的管理以及安全运行的管理三个部分的内容。

（5）考核监督制度。考核监督制度对数据中心参与部门、平台管理人员进行绩效考核。

（6）数据共享交换技术规范。定义市场监管局内部和外部数据共享目录、数据共享平台数据权限、数据责任等内容，打通数据共享的内外部渠道，通过大数据中心共享，全面释放数据价值。

① 数据共享目录。定义进行数据共享的数据目录，共享数据内容及元数据，按照用户容易理解的方式进行数据分类，并建立高效的数据索引，从而能够实现数据的快速检索，并能根据数据共享需求的变化，对目录进行新增、删除、修改等操作，通过对目录的维护实现实时的数据共享。

②共享平台。定义数据共享平台建设的技术规范，包括目录注册、数据发布等内容，以及共享平台建设的技术路线，实现共享平台的标准化建设，并提高平台的建设效率。

③数据权限。定义共享平台上数据的使用权限，包括读、写权限，下载权限，以及不同数据使用人员的数据保密协议，保证数据使用安全。

（7）数据交换技术规范。定义市场监管局内部、相关委办局与市场监管局及其他数据的交换内容、交换方式、交换流程、交换格式、交换频率等，规避市场监管局部门内部、外部数据冲突，实现多源异构数据的标准化集成整合，构建统一的大数据中心。

①数据交换工具。建设成熟的数据交换工具，从而能够实现分布式、异构、异源数据的标准化集成。交换工具应具有可扩展性，能够灵活地加入或删除交换节点，并能保证交换数据的质量和安全。

②数据交换流程。定义各部门、单位之间的数据交换流程，具体包括市场监管局内部业务部门间的数据交换；市场监管局部门与直属事业单位的数据交换；市场监管局部门与上级、下级市场监管局部门的数据交换；市场监管局部门与外部单位的数据交换。

③数据标准：第一，要统一数据采集标准，保证不同单位之间数据的一致性。第二，要定义数据交换的内容、格式、频率等内容，只有满足数据标准的数据才能通过交换平台进行交换。

（8）数据命名规范。通过建立统一的数据标准规范避免同词不同意、同意不同词的现象，为后续的数据融合分析、应用创新提供全面的高质量的数据。

（9）整体命名规则。数据库对象相关的设计命名的整体原则具体如下。

①风格统一原则。命名一律采用与业务相关的英文小写字母。

②通俗易懂原则。采用常用、简单或特定领域内的词汇，便于非本系统设计人员理解其含义。

③名称长度原则。整体命名的全长不得超过 30 个字符。

④名称组成原则。一般情况使用字母和下划线"_"，不能使用中文和其他字符，有特别情况时允许使用末尾数字编号。例如，pub_ent_base_1，pub_ent_base_2。

⑤名称禁用原则。对象名称禁止使用数据库保留词和 SQL[①]关键字（如

---

①SQL：结构化查询语言，英文全称是 stnictured query language。

select、from 等），以防止名称冲突或者引起歧义。

①名称缩写原则。缩写名称唯一；对于在国际或相关行业领域内存在惯用英文缩写的词汇，可采取该英文缩写作为其名称；对于长度不超过 5 位字母的英文单词，选用原单词；对于字母数在 6 到 10 位之间（包括 10 位）的英文单词，可选择缩写；对于超过 10 位字母的英文单词，则需要缩写；缩写时，在保持唯一性的前提下，结合通俗易懂的原则，统一取每个单词前 3 个字母作为其缩写标识，当缩写标识不能保证唯一性时应往后延展增加 1 位，如仍不能保证唯一性就继续往后延长字母位数，直至保持唯一性为止。

（10）统一数据库建库规范。

①满足整体命名原则。

②数据库的命名要求使用与数据库意义相关联的英文字母，即 < 数据库前缀 >_< 业务系统名称 >。

（11）统一数据库用户规范。统一数据库的用户命名、用户类别用途及权限分配。

（12）统一数据库表命名规范。

①满足整体命名规则。

②表命名规则，格式：功能名称 _[系统标识]_< 数据表类型标识 >_< 表标识 >。其中，[] 表示可选项，依据实际情况而增加；< 表标识 > 要求与表意义相关联的英文字母。

③每张表都需添加"创建者""创建时间""更新时间"等字段作为审计字段。

④每张表都需添加保留字段，建议 1 ～ 3 个，类型为字符型，便于后续需求变更时做好记录。

（13）统一数据库字段规范。

①满足整体命名原则。

②字段 / 域命名根据业务要求进行命名，不需要设定固定的前缀。

③字段名称不重复表的名称，如在名为 employee 的表中避免使用名为 employee_lastname 的字段。

（14）统一数据库索引规范。

①满足整体命名原则。

②索引命名符合 idx_< 表名 >_[系统标识]_< 索引标识 > 格式，如 idx_columnname1_columnname2 ...。其中，columnname1 是数据库表中第一个索引字段的名称或缩写，columnname2 是数据库表中第二个索引字段的名称或

缩写。

③ < 索引标识 > 要求与表意义相关联的字段名称。为了避免重名索引出现，可选 idx_< 表名 >_< 递增号 > 作为索引的命名，但是要在数据字典中进行详细说明。

（15）数据元描述方法及规则。信息资源的数据元由一系列属性来描述，这些属性包括以下内容。

① 中文名称。数据元的中文名称。

② 定义。描述数据元的基本内容，给出特定的概念和说明。

③ 英文名称。数据元的英文名称，一般使用英文全称。

④ 数据类型。描述数据元的数据类型，对数据元的有效值域及运行的有效操作进行了规定。如整型、浮点型、布尔型、字符串、日期、时间等，其中日期、时间使用特定格式的字符串来表示，参照 GB/T7408—2005 执行。

⑤ 值域。说明数据元可以取值的范围。

⑥ 短名。数据元的英文缩写。短名同时作为在报文规范里的 XML/JSON 元素的名称。

⑦ 约束。说明数据元是否必须选取的属性，包括必须 / 可选。

⑧ 最大出现次数。说明数据元的最大出现次数。不限制出现次数则使用"N"表示。

⑨ 注解。对约束、最大出现次数进行说明。

（16）数据质量规范。为了规范本项目中的数据质量问题的发现和分析工作，持续优化数据交换和大数据采集的数据质量，有力支持监管业务运行、管理分析和领导决策，提升数据资产的业务价值，需要制定数据质量规范。

数据质量标准规范包括以下内容：数据质量定义与数据质量管理范围、数据质量管理的组织与职责、数据质量问题发现、数据质量问题分析、数据质量提升、数据质量度量规则管理、数据质量管理工具。

（17）应用接口规范。规定数据中心的数据交换、数据共享和应用支撑的应用接口标准，主要包括技术要求和接口报文规范两部分。技术要求规范了各信息系统的技术支撑环境的功能组成及要求、各信息系统实现互联互通的技术要求；接口报文规范规范了交换数据格式、数据类型、表达方式等内容，并包含通信模型的规定。参考 GB/T 21062.2—2007 以及国内大型数据交换项目的成功经验进行建设。

数据中心应用接口使用接口报文来表示，主要由报文头、报文体两部分组成。其中，报文头包含一些基本的信息，如报文唯一识别号、参考报文号、资源编号、资源版本、源节点代码等。本部分规定了信息资源标识符的编码方案。标识分为前端码、后段码两个部分，参考 GB/T 21063.5—2007 进行建设。

（18）安全保障规范。在传统数据安全的基础上，为了保证大数据时代的数据安全，需要从技术和管理两个层面约束数据管理行为，保证数据安全。

① 数据安全技术标准：市场监管数据的采集、存储、传输、权限管理等环节需要采取不同的技术安全策略，强化市场监管数据信息技术标准。

在采集环节，要确保所采集的数据信息和技术措施以及覆盖范围的完整性。

在存储环节，应能够检测到网络设备操作系统、主机操作系统、数据库管理系统和应用系统的系统管理数据、鉴别信息和重要业务数据在存储过程中完整性是否受到了破坏，并在检测到完整性错误时采取必要的恢复措施。要具备完整的用户访问、处理、删除数据信息的操作记录能力，以备审计。

在传输环节，在传输数据信息时，如果经过了不安全网络，就需要对传输的数据信息的完整性进行校验。

在权限管理环节，市场监管数据应具备完善的权限管理策略，支持权限最小化原则、合理授权。

② 数据安全管理标准：大数据中心安全管理层面，需要建立一系列数据安全的管理政策和法规。一方面，要从政策和资金上扶持数据安全技术性和研究性课题的研究；另一方面，要在数据安全领域出台隐私保护条例。在这些领域可以规划数据安全研究系列专题，专门解决数据安全、隐私保护的难题。管理标准的确立有助于建立完善的信息安全建设管理制度、定期安全检测与评估的巡检制度以及健全的运维保障制度。

（二）知识产权大数据中心

打通传统数据库到大数据平台的高速通道，让知识产权数据库、知识产权智库、知识产权政务服务系统、企业知识产权服务系统、知识产权保护响应系统、知识产权金融服务系统、专利转化交易系统所产生的数据流实时、完整、增量地流入大数据平台，实现真正的数据融合与实时数据分析。

该平台能够智能地将多种数据源中的相关数据进行提取、融合、梳理，整合成一个独立灵活的分析数据集，该数据集可随数据源的变化而重组、调整和更新。

1. 数据采集

数据来源：内部业务数据库、互联网公开数据、第三方应用程序接口

（application programming interface，API）等。

数据类型：具体包括三个领域的数据，知识产权领域包括商标数据、著作权数据等；法律领域包括复审无效数据、法律诉讼数据、行政执法数据等；经济领域包括专利质押融资数据、专利转让许可数据、工商登记数据、营业收入数据、投融资数据、税收数据、首次公开募股（initial public offering，IPO）数据、海关统计数据等。

2. 数据清洗转换

对采集过来的数据进行清洗与转换处理，包括数据过滤、数据剔重、类型转换、编码映射、文件拆分与合并、维度转换等功能。

3. 数据整合

将各类有关联的数据进行汇聚，形成更有意义和使用价值的数据集合。信息资源共享平台支持更动态的信息整合功能，可以根据实际需要进行不同信息主题的整合。

（三）信息资源规划和数据系统建设

市场监管数据资源建设以数据中心为依托，通过数据采集台抽取、归集各政务部门数据，行业、互联网等外部数据；海量归集后的数据经过平台提供的数据清洗、比对、标准化等大数据治理手段加工处理后，形成了高质量、规范化的数据，载入数据中心；通过数据共享交换平台进行数据编目、数据注册发布、数据交换申请，实现数据资产的共享、交换、开放；通过对数据的汇聚融合处理可形成不同的数据集市，为市场监管大数据应用开发、便民服务、政府治理等提供数据支撑。

1. 信息资源规划和数据库建设原则

信息资源规划是指对建设单位管理所需的信息从采集、处理、传输到利用的全面规划，侧重对数据流的分析，为整合信息资源、加强信息流通的总体规划。信息资源规划是开展信息系统建设的核心和基础，其主要内容是通过调查分析信息需求和数据流，制定信息资源管理基础标准，建立全系统和各个职能的信息系统框架。信息资源规划需遵循以下原则。

（1）标准化原则。信息资源建设是全局性的建设，必须在标准化的基础上开展，要建立一系列数据标准、数据元素标准、信息分类编码标准、数据库表标准等。

（2）适应性原则。在进行信息资源规划的过程中，要注意考虑到不同地区发展水平不同、信息采集、信息利用情况、信息传输的约束等特点也不同，整理出满足不同发展水平地区的全面的规划。

（3）前瞻性原则。信息资源规范本身是前瞻性工作，通过对信息资源的规范化，指导后续系统的建设。因此，在信息资源规划过程中，要坚持前瞻性的原则，合理考虑业务的发展变化和技术的发展潮流等因素。

（4）统一规划原则。信息资源规划是一个整体的、全面的规范化的规划，涉及面比较广，需要兼顾各方面的特点，所以在进行信息资源规划时要坚持统一规划原则，以适应各方业务要求。

（5）合理处理系统重建和系统整合的关系。信息资源规划的目的之一是对现有的业务系统进行重建和整合，在信息资源规划过程中，要结合业务系统实际情况兼顾系统重建和系统整合，合理处理两者关系。

2. 信息资源规划的组织要求

为了实现资源共享，避免重复建设，减少重复开发，必须为信息资源建立目录，目录内容包括信息资源的标题、编码、访问控制、目标路径、指标属性、来源、时间等，记录在目录树的节点上。

（1）标题：数据表或文献的简要描述。

（2）编码：按照分类编码规则形成的、与标题对应的唯一的关键字。

（3）访问控制：对本目录及其内容设置的访问权限和访问级别。

（4）目标路径：标题所对应的数据表或文献存放的数据库名或文件地址。

（5）指标属性：包括指标定义、格式、计量单位、更新周期等。

（6）来源：指数据采集说明，如采集点、采集周期、采集方式等。

（7）时间：建立和更新的时间。

（四）数据交换共享建设

1. 数据共享平台设计

数据交换与共享涉及的数据主要包括归集的节能环保和高端装备制造产业领域全球专利著录项目数据、全球专利全文数据，中国专利复审无效法律文书数据，中国商标数据，中国地理标志数据，中国法律法规数据和产业专利导航报告数据，智能化辅助审查案件过程数据，智能化辅助审查案件事务数据，智能化辅助审查案件原始文件数据，等等。其中，数据的交换主要是在各业务系统、各部门之间进行的交换。

另外，为了满足中心端监控和统计的需要，以及避免平台前置服务器承担过重的交换任务，还有基于安全交换的考虑，共享平台的数据交换使用经中心方式进行数据流转。中心端交换代理接收到数据后，会根据数据订阅情况下发数据。

各部门之间的数据交换采用发布/订阅模式，部门共享的数据先以交换目录的形式发布到数据交换与共享平台，平台根据资源订阅配置通过交换系统将数据交换到资源订阅方。

2. 数据共享业务设计

各部门分别部署部门前置系统，实现与部门业务系统的安全隔离，通过前置机、数据采集传输系统实现数据提供部门与数据需求部门的数据交换。

3. 数据交换共享功能设计

数据交换共享主要实现各业务部门间市场主体信息资源的交换共享，承担部门间数据共享交换公共基础设施功能。功能包括以下几点。

（1）数据共享：数据注册和发现，数据目录、共享服务管理。

（2）接口管理：制定合理的 API 管理流程，对 API 申请、审核、发布、下载和使用进行非常严谨的把控。

（3）调度管理：支持对交换任务的调度配置功能，按时、天、周、月维度下发调度任务。

（4）接口分析：对共享库中包含的数据的基本情况、数据更新的情况、数据量的变化、数据的来源进行监控和统计分析，通过大数据技术可视化展现数据包含的信息，为管理部门提供决策支持，让管理部门能够对其数据服务平台的信息资源做到精细化管理。

（5）交换监控：监控各交换节点的状态是否正常；当发现交换节点有异常的显示后，可以查看此交换节点详细的监控，包括交换服务器资源占用情况、交换服务器上各交换流程的运行情况等信息。

4. 共享资源目录平台设计

采用嵌入式软硬件一体化设备构建共享资源目录平台，使用部门可以通过共享资源目录了解河北省市场监督管理局数据中心有哪些数据资源并按部门需求发起申请，提供部门可以根据共享目录的要求提供数据。同时，也可对各部门共享数据的"元数据"信息进行描述，说明各部门可以提供哪些数据以及数据的类型、交换周期、交换方式等信息。

5. 共享资源目录共享流程

共享资源目录共享流程如图 5-1 所示。

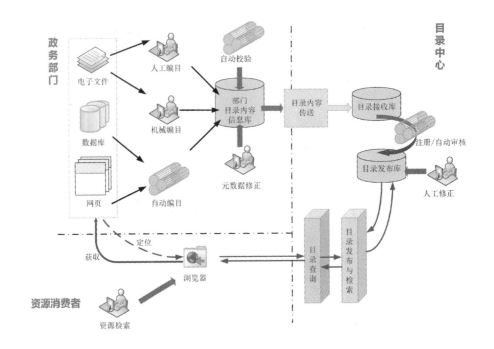

图 5-1　共享资源目录共享流程图

6.资源目录共享功能

（1）共享资源管理。对提供结构化数据的数据库、表、字段等进行资源管理，能对数据对象进行新增、修改、删除操作。结构化数据的数据库分布在各个部门或者行政单位，通过部门编目环境从各自的共享信息库提取共享信息、数据表和字段资源。能在编目环境中进行新增和删除操作。

（2）目录编目。提供资源目录的新增、修改、删除功能；根据编目环境将目录提取到部门共享目录库中。可以对在共享目录库中的目录进行目录的新增、修改、删除，这里的新增、修改、删除指的仅是对目录内容的操作，不会影响到具体共享资源结构和属性。

（3）目录审核及发布。根据目录内容提供目录审核功能，经审核后在资源目录中发布；按审核提供信息的有效性，将资源分为未审核、已审核通过、审核未通过，已发布资源具有自动审核、自动校验、自动对比的功能。符合标准的目录内容进入目录内容服务信息库，按照既定标准的要求自动发布，未通过目录服务中心审核的数据将退回相应的部门目录内容信息库中。

（4）目录服务变更管理。

①提供目录修改变更功能。审核通过后在资源目录中变更；目录变更分为目录结构变更和目录属性变更，目录结构的变更主要反映在元数据指标的改变上，此类变更涉及数据结构的改变，相应的服务需求根据变更后的目录重新进行新版本服务的生成。目录属性的变更主要表现在此类变更影响到目录使用者，按照需求进行审核，审核通过后变更会生效并能通知相应的服务使用者通过变更版本自动更新使用接口。

②提供目录变更的版本管理功能。对经过审核后的目录变更内容以多版本的形式进行保存。在目录使用的过程中不同版本的目录可以同时运行。目录变更管理严格使用权限进行控制。

（5）目录服务查询和检索。建立用户查询界面，提供目录服务检索和多种方式的发布、查询和统计功能。主要采用 Axis 技术开发目录 web services，提供 web services 调用接口，根据相应的需求进行服务重组。对服务请求进行相应的解析，实现服务检索。通过用户界面查询，生成服务请求处理结果集并展现，提供标准目录内容访问接口。提供对外公开的目录资源查询。

目录服务系统基于内容服务信息库，向用户提供目录内容查询检索服务，并提供两种方式：第一种是提供目录服务接口，第二种是基于目录服务接口向用户提供人机交互界面，按照多种查询方式进行目录内容查询。

（五）大数据分析与应用

1. 智能化管理服务平台

建成包括保护中心公共服务平台、专利预审管理平台、综合业务处理平台、专利导航与运营服务平台等子系统的应用管理服务平台。为服务对象提供便捷的服务，进行专利快速预审、快速维权、专利导航等流程管理，保证工作流程合理合规。对申请主体备案信息、协助执法办案数量、接收各类预审服务申报数量、预审合格并提交至国家局的专利申请、评价报告申请和复审无效案件数量等数据进行统计、管理和上报。

2. 大数据监控中心

大数据监控中心通过对知识产权创造、保护、运用、管理和服务综合等相关业务进行动态采集、监控、预警和可视化大屏展示，协助管理者洞悉数据中的价值和规律，指导当前及未来的业务开展。

3. 河北省知识产权公共服务平台

为进一步扩大知识产权信息公共服务的覆盖面，加强知识产权信息服务供给，河北省市场监督管理局开发建成了"河北省知识产权公共服务平台"①，该平台在"河北省市场监督管理局（知识产权局）门户网站"上线运行。

河北省知识产权信息公共服务平台设立专利检索、机构服务、地理标志、中小微企业知识产权服务、战略新兴产业专利专题库、远程课程、知识产权信息、河北省知识产权试点示范评定管理平台八大模块，可方便实现专利检索、信息查询、企业服务、远程学习等功能。

该平台的设立为政府、高校院所、重点企业之间的知识产权管理提供了一整套软件工具，为河北省的创新数据流和信息流建设了一个基础的网络环境；探索深化政产学研合作，完善政产学研对接机制；通过平台建立行政引导、企业主导、高校院所积极参与的协同创新模式；为普通公众提供了一个知识产权资讯查询、自助管理、确权及维权的便捷通道；为研发设计、知识产权服务等科技服务业和创客学者搭建了一个网络空间和工作窗口；探索我省知识产权服务体系建设，构建集评估、咨询、法律、财务、融资、培训等多种功能于一体的协同创新服务平台，通过互联网手段加快创新资源整合集聚。

4. 知识产权统计分析平台

河北省知识产权数据统计分析系统担负着全省专利、商标和地理标志数据的统计、分析任务。目前，该系统的分析标准与河北省各市、县（市、区）行政区划已不太匹配，系统无法分析商标和地理标志数据，为了满足知识产权工作发展的需要，迫切需要升级改造新的知识产权数据统计分析系统，以便及时为省政府领导提供决策参考，为各省直部门和创新创业主体提供知识产权信息服务，从而支撑我省创新驱动发展和经济高质量发展。

（六）安全体系

根据信息安全的顶层设计、安全体系设计指导原则及安全总体建设思路，建设数字市场监管项目安全体系，可分为：安全管理体系、安全技术体系、安全运营体系、安全合规体系和安全监管体系。

1. 安全管理体系

信息安全"三分技术、七分管理"，安全管理是根本，所以河北省市场监督管理局的信息安全管理需要从整体出发全面考虑，通过建全安全管理体系，对组织、人员、流程实行规范化管理，依据国家、河北省的相关标准要求开展网络安全工作，通过强化管理降低技术方面的漏洞来提升整体安全性。

---

①http://hebei.91ipr.com/

安全管理是整个安全工作的基础，安全技术、安全运营、安全监管体系需要依靠安全管理体系才可以有效发挥作用。河北省市场监督管理局安全管理体系的构建，具体包括组织人员管理、制度策略管理、安全建设管理、安全运维管理、安全管理流程。

（1）组织人员管理。建立安全管理组织，定义并明确河北省市场监督管理局信息化平台监管方、信息化平台服务方、信息化平台服务客户（对象）、信息化平台安全服务方"四方"的安全职责，依据安全职责设置安全岗位，并配备与之对应的人员，建立人员录用离岗的相关制度，建立外部人员访问控制制度，对工作人员开展安全意识教育和培训，梳理并形成授权和审批流程规范，建立与外部机构的沟通和合作机制（特别包括第三方人员管理），同时建设审核和检查机制。项目建设与运维方必须指定信息安全接口人，该接口人通过信息化平台监管方的测评与认可后，方可持证上岗。

（2）制度策略管理。制定河北省市场监督管理局信息安全工作的总体方针、安全策略，说明机构安全工作的总体目标、范围、方针、原则、责任等；完善各种安全管理活动中的流程和管理制度；建立和完善日常管理操作规程、手册等，以指导安全操作；定期对安全管理制度体系进行评审，以及时发现不适宜的内容并加以修订和发布。

（3）安全建设管理。对河北省市场监督管理局应用系统的建设进行安全管理，包括系统定级和备案、安全方案设计、产品采购和使用、自行软件开发、外包软件开发、工程实施、测试验收、系统交付、等级测评、服务供应商选择等。

（4）安全运维管理。河北省"数字市场监管"安全运维管理，包括安全运维组织、安全运维角色管理、安全运维内容管理等。在安全运维组织与角色管理中，应涵盖承建单位与运维单位的安全运维人员。而安全运维内容管理包括环境管理、资产管理、介质管理、设备维护管理、漏洞和风险管理、网络和系统安全管理、恶意代码防范管理、配置管理、密码管理、变更管理、备份与恢复管理、安全事件处置、应急预案管理、外包运维管理等。

（5）安全管理流程。河北省市场监督管理局安全管理流程依据《网络安全法》中要求，关键信息基础设施的安全技术措施要按照三同步原则，即"同步规划、同步建设、同步使用"，安全管理流程基于平台全生命周期管理，从系统规划建设、上线运行、系统下线等维度将各参与方日常安全工作紧密结合，通过安全管理流程将制度管理、风险管理、安全规划、控制执行、绩效评价、日常工作流程等统一管理，并不断迭代优化。

2.安全技术体系

在系统建设过程中应建立覆盖物理层、数据层、应用层的完整安全技术体系，并且要特别关注信息安全体系的建设，对核心的安全要素进行防护，使核心安全要素具备基础安全防护。核心安全要素包括安全基线、安全策略、漏洞管理等，在建立完整安全技术体系的基础上还应创建被动防御能力。

建设基于基础设施的被动防御能力。全面参考《网络安全法》的要求，对关键信息基础设施实现安全保障。

计算资源池安全保障：围绕物理服务器、虚拟机等维度开展安全防护工作。

网络资源池安全保障：首先，需要围绕物理网络和虚拟网络实现恶意代码的防范。其次，需要关注东西向流量和南北向流量的安全防护，即保障业务内部（东西向流量）及外部（南北向流量）的安全隔离、访问控制、业务安全等。最后，还需要实现在虚拟化环境下的安全策略跟随，从而为上层的业务平台和应用系统提供基础运行环境支撑和基础安全防护能力。

建设基于业务的应用安全保障能力。对于业务平台，需要关注平台和数据两个层面的安全。从平台的边界防护开始到平台业务的访问控制，到平台的操作审计都是本层安全工作的重点，主要包括漏洞的检测及防护、基线设置、平台的访问代理等。同时针对平台数据库的各类安全防护手段有效地保障业务平台的数据安全。对于应用系统，主流的应用大多为 B/S 架构，所以对于应用系统的安全防护重点关注在 web 应用安全，全面考虑网马的防护、暗链的防护、钓鱼网站的防护、后门防护以及业务审计等内容。中间件和数据库安全可参考业务平台的防护手段，如果有部分 App，则需要做到 App 的加固和源代码的审计。

建设基于威胁情报的云端决策能力。通过自动化、半自动化以及安全工程师专业分析的方式挖掘云端大数据，引入威胁情报，通过了解情报背后的大数据，发现未知的威胁，从而构建积极防御体系。

3.安全运营体系

河北省市场监督管理局安全运营体系是安全工作落地最有力的"抓手"，其主要工作需要依托安全技术体系所提供的技术手段，对现有（或新建）系统进行安全检测、分析并发现问题，对发现的安全问题由各自责任方进行整改，再利用各类技术手段对系统进行全天候的安全监测，安全运营人员对系统状态进行全面监控，对发现的问题及安全事件快速分析，选择相应的处置方法快速解决问题，通过安全运营做到问题早发现、快响应、早根除，以保障信息系统安全稳定的运行，避免上级监管机构进行通报。

安全运营体系可借鉴国内外成熟安全架构模型，贯彻"安全运营闭环管理并基于数据分析为核心"的安全运营理念，结合河北省市场监督管理局具体情况和现实需求进行设计，形成预测预防、实时防护、持续监测、快速响应的闭环安全运营。

预测预防能力。从攻击预测的角度开展互联网资产发现服务，梳理基础设备信息、基础设备开放端口信息、基础设备部署应用类型等，掌握信息资产运行情况；重点时期开展主机、网络、应用、终端的安全检查，发现问题要及时整改；威胁情报预警通过收集第三方曝出的安全漏洞，并经过安全人员信息审核验证确认后，第一时间推送给相关用户，实现安全威胁预警。

实时防护能力。实时防护针对客户的环境包含业务系统、服务器、数据库等设备遭遇一些安全攻击、安全漏洞、病毒、木马等，进行 7×24 小时的监测，监测的技术手段包含工具（态势感知、日志审计、数据库审计等设备）和人工（驻场人员实时分析、漏洞扫描、渗透测试、基线核查等），发现问题后根据问题的严重程度选择相应的处置方法快速解决问题。

持续监测能力。从事件监测的角度定期开展应用系统渗透测试、应用失陷检测工作，发现存在的各类漏洞并进行验证，经确认后及时整改；通过实时全流量风险分析服务对内部失陷、内部攻击、内部违规、外部攻击等行为进行事件分析，快速发现问题并及时制止，提高防护等级；按照等级保护第三级要求定期开展等级保护三级系统测评工作。

快速响应能力。根据《国家网络安全事件应急预案》规定，网络安全事件应急响应分为四级，分别对应特别重大、重大、较大和一般网络安全事件。Ⅰ级为最高响应级别。不同级别的事件按《国家网络安全事件应急预案》规定程序进行处理；同时需开展安全事件实时通报活动，按周、月、年或突发事件等维度对安全事件进行通报，保障信息及时传达，对特殊安全事件提供安全应对方案；重点时期开展攻防演练，检验安全技术、管理、运营体系的可靠性，应对重点时期安全保障要求。

4.安全合规及监管体系

建立河北省市场监督管理局安全标准体系，进行等级保护测评及风险评估，持续开展安全合规性检查及指导工作，充分考虑网络安全法、等级保护、国标、行标、行政要求，构建安全合规体系。同时，河北省市场监督管理局作为下辖单位的业务指导和监管部门，承担对下辖单位的安全监管职责。河北省市场监督管理局以监管为手段，以提升安全防御能力为目标，保障数据在可靠、安全、可控的环境中被使用。

5. 安全总体拓扑设计

本次数字市场监管项目安全体系建设中，从云上业务系统、本地开发测试环境、办公终端及移动终端和安全管理中心四个方面进行详细规划及建设。云上业务系统主要参考等级保护三级标准进行云检测、云防御、云审计和云主机等方面的建设；本地开发测试环境进行边界、网络、应用、数据安全等方面的建设；办公及移动终端进行主机统一管控、防病毒、主机隔离、流量防护等方面的建设；安全管理中心进行全网的数据采集和分析，调控整体网络运行情况和网络安全态势情况。

河北省市场监督管理局的虚拟化管理系统将对电子政务资源中心的云主机和本地机房的虚拟主机进行统一的安全防护和管理，此次虚拟化安全的技术路线采用无代理防护模式（即在宿主机的虚拟化层对文件、网络和系统数据进行检测，避免了安全软件在同一主机上的重复部署，显著地降低了安全系统对资源的占用），能够有效地保证现有系统稳定运行的同时无缝上线。

本项目在进行安全体系方案设计时将遵循以下设计原则：

清晰定义模型的原则。在设计河北省监管局信息安全保障体系时，首先要对信息系统进行模型抽象，这样既能相对准确地描述信息体系的各个方面的内容及其安全现状，又能代表绝大多数地区和各种类型的信息系统。把信息系统各个内容属性中与安全相关的属性抽取出来，参照 IATF（美国信息安全保障技术框架），建立"保护对象框架""安全措施框架""整体保障框架"等安全框架模型，从而相对准确地描述信息系统的安全属性和等级保护的逻辑思维。

分域防护、综合防范的原则。任何安全措施都不是绝对安全的，都可能被攻破。为预防攻破一层或一类保护的攻击行为无法破坏整个信息系统，需要合理划分安全域并综合采用多种有效措施，进行多层和多重保护。

需求、风险、代价平衡的原则。任何类型网络都难以达到绝对安全，需正确处理需求、风险与代价的关系，进行等级保护，适度防护，做到安全性与可用性相容，做到技术上可实现，经济上可执行。

技术与管理相结合原则。本项目的安全体系建设涉及人、技术、操作等各方面要素，单靠技术或单靠管理都不可能实现。因此，在考虑信息系统信息安全时，必须将各种安全技术与运行管理机制、人员思想教育、技术培训、安全规章制度建设相结合。

动态发展和可扩展原则。随着网络攻防技术的发展，网络安全需求会不断变化，又因为环境、条件、时间的限制，安全防护想要一劳永逸地解决信息安全问题是不现实的。信息安全保障建设可先保证基本的、必需的安全性和良好的安全可扩展性，今后随着应用和网络安全技术的发展，不断调整安全策略，加强安全防护力度，以适应新的网络安全环境，满足新的信息安全需求。

6. 安全域流监控

（1）部署说明。安全域流监控部署于省市场监督管理局专网，旁路部署于专网核心交换机一侧，以端口镜像的方式获取全网的数据流，实现对全网数据流的有效监控。

（2）产品基本描述。安全域流监控是一款主动化安全运维管理系统。帮助实现安全运维管理工作从被动向主动，安全建设路线从合规化向合规与实际需求相结合，网络威胁从被动响应向主动感知、主动干预的转变。

（3）安全域流监控功能。

①黑白名单管理。系统具有按照黑白名单管理流量的功能。支持用户为访问关系配置黑白名单，用户可以预先在系统新建黑白名单，也可以从 Excel 表导入。系统基于用户配置的黑白名单访问关系，实时检测流量的合规性，并且用户可以在访问关系监控图上醒目地看到是否存在违规访问行为，是否存在未知的访问行为。对于未知的访问行为，系统会如实记录。

②IP 管理。所有的流量都来自 IP 节点，如果不能全面准确掌握 IP 情况，对流量的管理就缺乏条理性。系统从安全管理的角度将用户可管控的 IP 划分为可信的已知 IP 和不可信的未知 IP；又根据是否能从 Internet 访问，划分为暴露面 IP 和非暴露面 IP。

③行为监控、互联监控。系统提供的互联监控功能包括：a. 安全域互联监控。以拓扑图形式展现特定或全部安全域之间的互联关系及其黑白名单类型，支持监控图内容过滤，支持图形对象下载，支持监控图的缩放、导出、打印等操作。b. 境内、境外互联监控。以地图形式展现用户网络与境内外的互联情况，形象展示互联关系黑白名单类型、互联频次大小、互联关系。

④流量监控。系统提供行为发生时的流量的趋势、Top10IP、Top10 应用监控功能，支持监控范围自定义，可自定义监控的 IP 范围、服务、端口、采集引擎及接口、流量方向等。

（4）行为分析。系统通过对网络报文或 flow 数据的解析，形成两类数据作为流量行为分析的基础。

流信息。支持 TCP、UDP、ICMP 三种最常见的流解析。流信息由基本信息和扩展信息构成。基本信息通过解析报文或 flow 得到，包括源和目的 IP、源和目的端口、传输层协议、流起止时间、包数、会话时长、流量、MAC 地址等。扩展信息包括 IP 地理位置、所属分组、设备名等，其中 IP 地理位置由系统自动提供。

payload 信息。支持 Oracle、MS-SQL、Sybase、HTTP、Telnet、FTP 应用层协议的账号和指令解析。

7. 策略

系统支持用户通过配置策略控制流量的解析和存储。策略由五元组描述，其中 IP 地址支持配置地理位置，如境内、境外、某国、某省等，这对于那些无法用 IP 地址确切描述策略的场合十分有帮助。

（1）web 业务应用审计

①部署说明。web 业务应用审计系统旁路部署于省市场监督管理局专网、互联网及政务外网，旁挂于核心交换机一侧，采用抓包镜像的方式抓取用户内网对应用系统的访问数据，详细记录每一个用户对专网应用系统的访问行为。

②产品基础描述。web 业务应用审计针对基于 HTTP/HTTPS 协议的应用系统进行审计。通过对 web 应用系统的流量进行旁路（镜像）采集和分析，记录对应用系统的操作，并对 web 应用系统中的操作审计，监视重点账号操作，监视重要业务模块的访问。该产品着重对应用系统操作合规性进行分析，监控异常操作和越权行为，同时提供页面仿真回放功能，还原操作场景，追踪定位责任人。同时，此产品可对业务系统安全性进行分析，还可发现撞库攻击、明文口令传输、敏感数据未模糊化传输、关键业务模块性能瓶颈等问题。

（2）web 业务应用审计功能。

①web 应用访问审计。在常见的业务系统中，80% 是基于 web 方式访问的业务。客户端通过 HTTP、HTTPS 等方式访问应用系统。web 业务应用审计可侦听对应用系统访问的网络数据流，并对这些数据流进行解析，以达到对业务系统访问的全面审计。

对于各行业的业务系统，如政务网站、警务系统、国库支付系统、办税系统、发票管理系统、报关系统、执法系统、计费系统、交易系统、电子商务平台等均可进行审计。对于常见的办公系统，如 CRM、ERP、BPM、OA、SCM、MIS、财务管理系统，也可以进行审计。

②业务违规发现。以审计策略为依据，web 业务应用审计可发现业务系统访问人员的各种违规和越权行为。业务人员执行了超出业务范围的操作，如下发了过量的订单、为某账号充值过多等，这些往往是违规操作。

严格来讲，每个应用系统都有自己的权限控制规则，但并非所有应用系统都能做到严格的限制，当系统安全性不够时，就会发生越权操作的行为。

以上这类操作可以被web业务应用审计系统审计到，并及时发出警示。

③业务异常分析。web业务应用审计可对业务访问中的异常进行分析，当某关键业务出现访问异常，如在某时间段内操作频次超过限定值，web业务应用审计可发出警示。这可以对撞库攻击、高频查询客户资料等场景进行有效预警。另外，用户可自定义业务流程，对于不符合业务流程的操作，可进行挖掘分析。

④敏感信息模糊化核查。对于信息系统中传递的敏感信息，如身份证号码、银行卡号、CVV（card verification value）码或者住址等信息，往往要求在传输时进行加密或者模糊化，但是并非所有应用系统都能符合此要求。如何对应用系统的安全合规性进行检查，web业务应用审计是有效的工具。对于未经模糊化直接传输的敏感信息，web业务应用审计可发出警示，并记录相关信息的传输途径和位置，方便用户对应用系统的安全性进行完善。

8.web应用防火墙

（1）部署说明。web应用防火墙以串行方式部署于省市场监督管理局政务外网、互联网、专网web业务应用区前端，针对用户的web业务进行防护。

（2）产品基础描述。web应用防火墙主要针对web服务器进行HTTP/HTTPS流量分析，防护以web应用程序漏洞为目标的攻击，并针对web应用访问各方面进行优化，以提高web或网络协议的可用性、性能和安全性，确保web业务应用能够快速、安全、可靠地交付。

web应用防火墙应用了一套HTTP会话规则集，这些规则涵盖诸如SQL注入、XSS等常见的web攻击。同时可通过自定义规则，识别并阻止更多攻击。解决防火墙、UTM等传统设备束手无策的web系统安全问题。

（3）web应用防火墙功能。web攻击防护能精确识别并防护常见的web攻击：基于HTTP协议的蠕虫攻击、木马后门、间谍软件、灰色软件、网络钓鱼攻击；SQL注入攻击、XSS攻击等web攻击；爬虫、CGI扫描、漏洞扫描等；应用层DoS攻击。

SQL注入、XSS攻击防护。SQL注入攻击利用web应用程序不对输入数据进行检查过滤的缺陷，将恶意的SQL命令注入后台数据库引擎执行，达到偷取数据甚至控制数据库服务器的目的。XSS攻击，指恶意攻击者往web页面里插入恶意HTML代码，当受害者浏览该web页面时，嵌入其中的HTML代码会被受害者web客户端执行，达到恶意目的。

正是由于SQL注入和XSS这类攻击所利用的并不是通用漏洞，而是每个页面自己的缺陷，所以变种和变形攻击方式非常多，如果还是以常用方法进行检测，漏报和误报率将会极高。

web 业务威胁检测分为两个阶段：第一阶段是行为提取阶段，分析和提取 web 攻击的行为特征而非数据特征，建立 web 攻击行为特征库；第二阶段是实时分析网络数据，模拟攻击行为以观察其行为特征，正确判断攻击行为的发生。这种基于原理的检测方式降低了对固化特征的匹配造成的高漏报率，也避免了由于检测规则过于严苛造成的误报。

web 恶意扫描防护。web 恶意扫描，常见的有攻击者利用扫描工具，检测 web 应用程序是否存在 SQL 注入、跨站脚本漏洞；攻击者利用爬虫或者扫描工具，频繁对网站发起 HTTP 请求，占用了大量的 web 服务器资源。针对 web 恶意扫描，web 应用防火墙可以进行多个层次的细分检测防护。

应用层 DoS（HTTPFlood）防护。应用层 DoS 攻击是一种与高层服务相结合的攻击方法，目前最常见的就是 HTTPFlood 攻击（如 CC 攻击）。与传统的基于网络层的 DoS 攻击相比，应用层 DoS 具有更加显著的攻击效果，而且更加难以检测。HTTPFlood 是指从一个或者多个客户端，频繁向 web 服务器请求资源，导致 web 服务器拒绝服务的攻击。通常 web 服务器有些页面是比较耗资源的。例如，一些资源要查询数据库或者进行复杂计算，对这种资源频繁请求时，会导致服务器繁忙从而拒绝服务。

针对 HTTPFlood 攻击，web 应用防火墙能够有效识别出攻击行为和正常请求，在 web 服务器受到 HTTPFlood 攻击时，过滤攻击行为，抑制异常用户对 web 服务器的资源消耗，同时响应正常请求，确保 web 业务的可用性及连续性。

CSRF 攻击防御。CSRF（cross-site request forgery）攻击，中文名为跨站请求伪造。CSRF 攻击可以在受害者毫不知情的情况下以受害者名义伪造请求发送给受攻击站点，从而在并未授权的情况下执行在权限保护之下的操作，有很大的危害性。

针对 CSRF 攻击，web 应用防火墙能够通过设定"访问被保护 URL 的来源 URL"来实现防护。实现的逻辑是：只有从设定的来源 URL 才能访问到被保护 URL，1 个被保护 URL 可以设定多个来源 URL。

⑥ Cookie 篡改防护。WEB 应用防火墙能够针对 Cookie 进行签名保护，避免 Cookie 在明文传输过程中被篡改。用户可指定需要重点保护的 Cookie，对于检测出的不符合签名的请求，允许进行丢弃或删除 Cookie 处理，同时记录相应日志。

可为 Cookie 强制添加 httponly 属性，保护 Cookie 不被 JavaScript 访问；可为 Cookie 强制添加 Secure 属性，告知浏览器在 HTTPS 时返回 Cookie，在 HTTP 时不返回 Cookie。

9. 网闸

（1）部署说明。网闸串行部署于省市场监督管理局专网与政务服务大厅之间，作为省市场监督管理局专网和政务服务大厅数据中转的平台，在满足安全要求的前提下，保证内外数据的快速交互，满足业务需求。

（2）产品基础描述。网闸架构主要由内网主机系统、外网主机系统和隔离交换矩阵三部分构成。内网主机系统与内网相连，外网主机系统与外网相连，内／外网主机系统分别负责内／外网信息的获取和协议分析，隔离交换矩阵根据安全策略完成信息的安全检测，实现内／外网络之间的安全交换。

（3）网闸功能。

①数据库同步。网闸数据库同步功能，支持 Oracle、SQLServer、DB2、Sybase 等主流数据间的同种或异种数据库增量、全表同步。

网闸部署于信任网络业务系统数据库与非信任网络业务系统数据库之间，数据库同步专用 DBClient 根据策略主动到源 DB 中抓取变化数据，然后通过加密协议将数据发送至网闸设备，网闸设备将数据摆渡至接收端专用 DBClient，接收端专用 DBClient 将数据最终推送到目标 DB。

网闸同步功能采用事前防范、事中报警、事后追踪的技术理念，确保数据在同步过程中的数据类型匹配、数据冲突检测以及数据容错控制，确保用户数据在传输过程中，在断电、网络中断、业务中断等多种繁杂情况下，用户数据不丢失。数据在整个传输过程中可审、可查、可追溯。

②文件同步。网闸文件同步功能采用格式检查、内容过滤、病毒检测、时间控制等多种安全策略实现安全、可控的数据交换。支持有客户端和无客户端两种部署方式，支持 Windows、Lniux 等多种系统平台，支持一源多目的、多源一目的、多源多目的等多种应用环境。

网闸同步功能采用系统监控方式，可实时监控文件的 OPEN、CLOSE 状态，第一时间捕获变化的文件。系统采用多线程、异步工作方式，极大提高文件同步的性能。

网闸文件同步应用时，部署于信任网络与非信任网络文件服务器之间，使用专用客户端时，专用基金客户端部署于文件服务器，实时监控文件的增量变化，获取数据后将数据加密传输至网闸设备，网闸将数据摆渡至接收端专用 FileClient，FileClient 将数据写入目标 FileServer。

③代理访问。网闸根据应用的特点，提供专用代理服务模块，除支持FTP、HTTP/HTTPS、SMTP、POP3 等多种常规应用协议外，还可根据用户需求提供私有协议代理功能开发。网闸通过接入访问控制、操作行为（协议命令）控制、内容过滤等三层"过滤网"，实现合法的终端、合法的用户访问指定的服务，通过指定的规则传输合规的内容，配合网闸的隔离交换部件，实现内外网安全隔离的同时，保证数据的安全摆渡。

10. 未知威胁检测

（1）部署说明。未知威胁检测设备分别以物理旁路的方式部署于省市场监督管理局专网、互联网区域，通过端口镜像的方式获取网络流量，运用自身的功能算法和模拟环境，对流量中的数据进行分析，可以有效发现隐藏于内网的已知和未知威胁。

（2）未知威胁检测功能。

①全面支持已知威胁检测。设备可以实现已知威胁加未知威胁的全面检测，包括但不限于：病毒、蠕虫、木马、DDoS、扫描、SQL 注入、XSS、缓冲区溢出、欺骗劫持等攻击行为以及网络资源滥用行为（如 P2P 上传／下载、网络游戏、视频／音频、网络炒股）、网络流量异常等威胁，具有高精度的检测能力，产品与已知威胁事件库完美融合。

②对恶意文件的静态检测。静态检测是指通过一定的特征比对或算法对被检测文件的二进制内容进行匹配或计算的检测方法，静态检测并不真实地运行被检测文件。静态检测的方法有很多种，使用虚拟 shellcode 执行、暴力搜索隐藏 PE 等，都可以对被检测文件的文件内容进行静态检测，以此来确定文件是否为恶意文件。静态检测的优点是速度快。

虚拟 shellcode 执行：虚拟 shellcode 执行是在未知威胁常用的文档类文件中搜索可能存在的可执行代码（shellcode），一旦找到疑似代码，将这段二进制内容送入虚拟执行引擎中当作代码进行虚拟执行。如果这段二进制内容恰好能够在虚拟引擎中得到顺利的执行，则说明该文档中含有可执行的 shellcode。由于正常的文档文件中的二进制内容几乎不可能恰好可以作为代码得以执行，所以该方法可以有效判定文档文件是否为恶意。

③对恶意文件的动态检测。系统使用多种虚拟机环境运行被检测文件，检测文件打开后的各种行为和系统环境等以确定文件是否具有恶意行为。动态检测的优点是检测率高、误报率低。

动态检测能在很大程度上克服静态检测通过代码混淆、压缩加密等方式便被绕过的缺点，直接把样本放到真实环境中模拟运行，并观察样本的恶意行为。当样本存在可疑漏洞利用行为、可疑文件动作行为以及可疑网络行为时报警提示给用户。

④对多种文档格式的检测。APT系统可以对多种文档格式进行静态动态检测，包括：Windows系统下可执行文件、pdf、doc、xls、rtf、docx、xlsx、ppt、pptx、ppsx等。

11. 网络安全预警管理

建立完整的安全策略管理体系，建立用户行为分析监管体系，建立安全隐患报警及处置管理体系。面向业务统一管理，对全网业务信息系统性能与可用性监测，建立灵活的全文索引，通过智能化安全事件关联分析手段，主动发布内部、外部预警信息，协助管理部门进行前瞻性的威胁防范。从不同维度对全网数据进行分析、展示，将海量数据统一整合，并将整合后的数据存储于大数据平台，根据实际需求做内部标准接口及外部接口，并根据不同的大数据分析模型对数据进行分析，包括机器学习在内的分析算法，对数据进行全方位的挖掘和提炼，最后通过展示界面呈现。

12. 网络信息安全服务保障体系

建设健全云架构环境下的安全体系，建立安全管控制度，形成"三员"（系统管理员、安全保密管理员、安全审计员）分立机制；推进关键信息基础设施监测，可通过购买服务等方式，实现对重要应用系统的监测、防护及处置服务，完善安全事件快速响应和处置手段；建成感知、处置、响应一体化的安全运营机制，加强事前预防、事中审计、事后响应的安全应急服务能力，形成发现、阻断、取证、溯源、研判、拓展的安全业务闭环；开展安全组织与职责建设、安全技术设计、安全管理设计，确定第三方机构，统一实施网络安全等级保护测评和风险评估。建立健全云平台及大数据架构环境安全管理体系框架。

13. 云安全防护体系

强化政务云安全防护，实施基础设施改造升级和安全防护强化加固，满足信息系统安全等级保护第三级要求；构建云平台安全保障系统，实时监测识别恶意代码、安全漏洞、非授权访问等安全风险，提供隔离、防护、监测及审计服务。云安全防护体系建设具体包括以下内容。

（1）建设网络安全保障体系；

（2）建设网络全流量威胁分析；

（3）推进安全接入管控系统建设；

（4）构建云基础架构的安全保障；

（5）大数据平台层的边界安全防护建设；

（6）实施大数据平台层访问控制和授权管理；

（7）建设数据层操作审计模块；

（8）建立数据层安全防护及隐私保护；

（9）推进关键应用系统的监测及防护；

（10）开展应用系统的上线前评估工作；

（11）建设移动安全接入及认证能力。

14. 应用安全保障体系

建立应用安全防护体系，建立应用安全开发、安全上线、应用运行监测的全生命周期安全机制；落实应用级访问控制和授权管理，实现细粒度的访问控制；构建应用网站的运行监控模块，保障应用系统的安全运转和可靠服务。应用安全保障体系建设具体包括以下几方面。

（1）建设安全标准规范体系；

（2）有效落实等级保护测评及风险评估；

（3）进行合规性检查及指导。

15. 工程验收标准

经过系统试运行之后，系统将进行正式验收，根据工程进度的安排提交"系统验收方案及日程表"文档，承建单位向建设单位提出验收申请，验收申请包括验收的方法、验收条件、验收地点等，此申请经双方认定后方可执行。

项目验收分两阶段进行：项目初验和项目终验。依据项目合同对工程技术总体设计、详细设计的要求进行验收，由业主单位、建设单位双方共同制订测试大纲，并依据测试大纲对整个系统进行项目初验。

项目初验中系统软件上线、进入试运行，由业主单位提供测试环境，终端使用人员及承建单位将在保证系统安全、稳定运行情况下进行相关测试。项目终验是在系统试运行稳定之后。

（1）项目初步验收。以项目通过业务系统开发完成并安装使用、相关技术文档均已提交为标志。

在安装完毕以后，系统集成完成，承建单位应严格依据客户批准的测试计划、测试方案进行内部系统测试，测试合格后向客户方提供详细的测试报告，同时提交详细具体的初步验收方案并报审初步验收。

初步验收将依据项目合同对工程技术总体设计、详细设计的要求进行验收，初步验收方案必须经由客户、承建方双方审定通过，双方对系统进行项目初步验收。

初步验收通过后,各方共同签署《初步验收报告》。初步验收不通过,则各方共同签署《初步验收遗留问题整改备忘录》,承建方应进行相应整改,整改后再由各方组织再次验收,直至系统通过初步验收。

(2)项目终验。以系统初验合格,系统试运行一段时间后运行正常为标志。

承建方以书面的形式向建设方提出最终验收申请,并整理工程竣工文档给建设方审核,如审核通过,本工程进行项目终验,验收通过后,客户、承建方共同签署《系统终验报告》。终验不通过,则各方共同签署《系统终验遗留问题整改备忘录》,承建方进行相应整改,整改后再次提请客户验收,直至系统通过最终验收。

在整体验收前承建方应向建设方提供已汇集成册的全套系统技术文件及资料,具有法律效力的质量保证、保修维护文件,以及安装、测试、验收报告等文档,同时提供系统验收清单(包括需要提交的文档、代码、业务系统等),并按照服务承诺提交相应的文档、代码和业务系统(包括电子文档形式)。

本项目的终结是项目中的每一个细节以客户的认同作为标准。本项目以系统通过建设方组织的验收测试或下列情形之一如发生,将视为系统的验收完成:整个系统验收签字;在用户接受测试完成后,在两周内,没有收到书面的用户拒绝接受通知;当用户自行将该系统上线运行,或部分上线运行进行生产时。

(3)验收范围。验收范围为项目建设的全部内容。

(4)验收方式。依各阶段验收标准,承建方交付每一阶段工作时,应向建设方提请工作确认或验收。验收结论必须根据事先约定的验收计划和标准客观作出。

(5)验收人员。为保证项目验收工作的顺利进行,需要专门成立一个项目验收评审委员会。

由项目验收评审委员会制定详细的项目验收及系统测试计划,并详细说明项目验收及系统测试计划的各个细节,以保证项目软件系统及相应成果与项目系统需求描述相一致。为了有效地进行验收工作,提交的成果应包括文档资料(测试计划、测试用例、测试报告),在项目系统完成之日提交给采购人。

建立项目验收委员会,是为了便于双方的沟通,主要体现在实施方项目经理与客户技术负责人之间的验收接口关系上,以确保项目经理在项目整个过程中的桥梁作用,有效地进行项目进度管理和特殊情况下的变更。

项目验收委员会主要由建设单位领导、承建方项目组两个方面的人员组成。

（6）验收步骤。每个交付项目按如下之一步骤进行验收：

①审查：此程序是采用目视审查交付的项目，以保证交付的项目与设计规格书一致；

②现场演示：此程序是采用演示的方法来验证交付项目所提供的功能，以确保该交付项目与设计规格书一致；

③分析：如抽样检查，以确保该交付项目与设计方案和施工方案一致；

④测试：是采用测试的方法，按照双方同意的测试计划进行测试，以确保交付项目与设计方案和施工方案一致。设备和标准程序将以审查和演示程序验收，物品和应用程序将以审查、分析、演示和测试程序验收，每个交付项目所采用的验收步骤将在设计规格书中说明。

系统将以测试方法验收：对系统的验收测试计划由承建方提出，验收测试计划被建设方批准后，将成为此实施计划的附录。

验收测试计划：验收测试计划确立了对系统进行验收的步骤和验收的标准。按照合同约定，承建单位应提交验收测试计划。验收测试计划应包括对所有系统、设备或模块的测试。

测试计划将包括：测试目标、角色和职责、测试环境、测试的方法与工具、要测试的功能和外观特征、完成的标准、测试案例。

当所有系统功能、设备功能和外观特征，经测试达到验收测试计划所说明的完成标志，建设方将承认该项目通过验收测试。在测试过程中，如有某一项没有达到完成标志，承建方应负责维护修正然后再进行测试，直至达到完成标志。

（7）验收过程。

①成果汇报。由承建单位代表对本项目系统平台进行阶段性汇报，主要包括系统建设成果汇报、系统运行成果汇报等内容。

②应用软件核对。在初验确认的功能和资料内容基础上，根据初验意见和结论，由各单位分别派出工程师，依据项目采购合同、招投标文件的要求与本系统设计的功能进行检查和确认。

③硬件设备核对。在初验确认的基础上，根据初验意见和结论，由各单位派出工程师，依据项目采购合同、招投标文件的要求与本系统设计的硬件设备进行检查和确认。

④技术文档核查。验收将对本系统所涉及的以下文件进行审查（具体以项目现场情况为准）：

《软件需求说明书》《概要设计说明书》《详细设计说明书》《测试计划》《测

试分析报告》《接口详细设计说明书》《系统安装维护手册》《应用软件安装程序及说明》《用户手册》《使用、操作手册》《用户维护手册》。

（8）完成项目签收。参加人员为建设单位代表及承建单位代表。

流程：项目清单所有内容到达建设方现场后，由承建单位通知建设方准备接收，建设方代表召集承建单位代表对项目内容进行确认。确认完毕后就签收内容逐项填写确认《交付成果清单》《软件项目验收单》，由双方共同签字确认，双方各保留一份。完毕后项目成果交建设方保管，完成签收。

（9）检验及验收报告。参加人员为建设方代表（主持），承建方技术代表。

流程：签收完成后，由建设方代表召集承建方技术代表随机进行功能检验，也可择日进行。检测项目软件完成的功能是否达到标书的要求。在对项目软件的完好性、介质的可读性和完好性检验确认之后填写《交付成果清单》《软件项目验收单》，依据检验内容逐项填写，由双方共同签字确认，双方各保留一份。完成检验后，承建方根据检验成果编制初验报告书，报告书一式两份，经双方代表确认后签字盖章，系统验收完成。

（10）项目及技术资料移交。参加人员为建设方代表（主持），承建方技术代表。

双方检查确认后签字盖章，承建方将其中一份《项目成果移交表》连同先前保存于建设方处的该系统产品一起交给建设方，完成移交过程。

项目交付项应在合同规定时间内，将采购范围内所界定的工作完成，并协助客户制定相应管理规范，并在通过双方认可的验收后，交付给建设方，其中包括：

①符合项目目标和相应的技术要求、业务要求的，完整的、可最终良好运行的应用软件管理系统；

②足以确保系统正常运行所需的管理、运营及维护有关的全套技术文件。

最终提供的产品应包括各种相关的软件系统、硬件设备、各阶段开发文档、运行稳定可靠的本系统安装程序、注释清晰明了的能够编译生成目前正在运行的应用程序的源代码等。

所有项目成果按项目实施各阶段进行提交，每个实施阶段交付相应的产品、服务或文档。具体提交的内容以项目建设具体情况为准。

16. 运维体系

运维服务体系的总体架构分为两大中心（服务中心和监控中心），五大管理（资产管理知识管理、报表管理、系统管理以及以 CMDB 为核心的配置管理系统）。

从监控的角度来看，又分为数据层、业务层和展现层，通过三个层面的处理，统一展现给监控和维护人员。这三层结构主要由集中监控平台、IT运维管理平台、运维服务门户一起实现，并与系统管理和CMDB配置管理实现有机的结合。另外，还有应用支撑层，由统一权限控制、统一技术平台、业务流程引擎以及系统应用支持组件和应用组成。

从总控中心的角度出发，一方面，本体系侧重及时发现信息系统中的各类告警和性能异常，进行数据分析和整合，同时以适当的形式进行呈现，维护人员借助该系统能够执行相关操作，对各种问题进行迅速响应，及时履行维护职责；另一方面，作为运维服务统一工作台，由运维受理人员统一接受各个业务系统用户的问题、咨询、事件等，由受理人员对问题进行分析判断，转到相应的运维人员处理，并在处理后，给予用户反馈。其主要功能描述如下：

（1）通过监控中心可以有选择性地将告警信息送到服务工作台，形成事件提交给运维管理人员以启动故障处理流程并进行处理。

（2）各业务系统的用户可以将问题统一提交到运维服务工作台，由运维受理人员统一处理，即发起处理流程和反馈处理结果。

（3）实现对各业务系统涉及的各组件运行状态的统一监控。被监控对象包括主机（包含虚拟化环境）、数据库、中间件、网络、存储、安全、应用软件等。

（4）数据采集层可通过发现模块，自动发现业务系统的配置信息，自动设置被监控的实例。

（5）数据采集层通过被管系统的接口采集数据，并将采集的数据送到处理层进行处理。

（6）数据处理层一方面对数据进行分析判断产生告警信息并发送到呈现层，另一方面在数据库集中存放性能数据。

（7）数据处理层还可以对所有告警事件进行进一步的分析，根据业务服务模型来生成业务影响分析视图，提供业务影响管理的功能模块。

（8）数据呈现层不仅展现告警信息，还展现各种监控视图，如事件拓扑展现图等。

（9）数据呈现层能展示业务系统的状态、各个服务的状态以及影响业务系统的主要关联部件。

五、项目管理

(一)项目管理流程

本项目拟制定一系列管理流程,包括:需求管理流程、项目跟踪和监控流程、沟通职责方针以及项目组规章制度。

(二)需求管理(RM)

1.目标

(1)对需求加以控制,以便建立供工程和管理使用的需求基线。

(2)使服务计划、产品和活动与需求保持一致。

2.步骤

(1)需求要文档化,并且形成基线。

(2)将需求作为项目计划、工作产品、各项活动的基础。

(3)在与河北省市场监督管理局就需求达成共识之前,须经过项目组的内部评审。缺乏内部统一意见时,不应该对任何参与组织做出基于客户需求的承诺。

(4)对需求的变更要经过评审,然后应用到服务项目中。

(5)对需求的变更要遵循书面变更控制规程。

(6)项目经理应定期地或根据实际需要对需求管理的各项活动进行评审。

(7)质量保证组应评审需求管理活动并审计工作产品,对结果作出报告。

(8)项目经理负责本方针在项目中的具体实施。

(三)项目跟踪和监控(SPTO)流程

1.目标

(1)对照实施计划,跟踪实际进度。

(2)当实际进度明显偏离实施计划时,采取纠正措施并加以管理,直到结束。

2.步骤

(1)项目经理负责项目的进度跟踪和监控。

(2)跟踪项目的工作量和实际进度,在必要时采取措施纠正。

(3)按照书面规程,在选定的项目里程碑处进行评审,以评价项目的完成情况和结果。

(4)项目经理应定期或根据实际需要,对项目跟踪和监控的各项活动进行评审。

（5）质量保证组评审项目跟踪和监控的活动、审计工作产品，并报告其结果。

（四）沟通职责方针

1. 目标

（1）确保项目组所有成员参与计划活动并履行他们对项目的职责。

（2）沟通简单有效。

2. 方针

（1）由项目经理负责对外沟通及承诺，或授权相应责任人。

（2）每一个项目组成员都要履行自己的职责。

（3）对任务职责要形成自下而上的承诺，项目组成员对项目经理负责，项目经理对项目总负责人负责。

（4）项目经理组员要有简单有效的沟通方式。

（五）项目组规章制度：

日报、周报管理规定

（1）进行日志、周报管理是为了规范工作管理、提高工作效率，并为项目管理、绩效管理等工作提供基础信息和数据。

（2）日志、周报管理规定坚持"简单、实用"的基本原则，在保证工作管理的前提下，尽可能简化填报内容，减轻员工的工作量。

（3）各个小组组长有权根据本小组情况规定本组成员是否填写、如何填写日志和周报，项目组不作出强制规定，但是各个小组组长必须根据模板按时提交本组周报。

对此次项目进行规范化管理，包括对规划、可研、设计、合同书、竣工图、验收报告等文件的归档管理，也包括此次项目相关的领导批示、设计批复、专家评审意见等。

规范项目资料的管理和使用，规划、设计及其批复文件、合同书、设备清单及竣工图等资料的纸质档和电子档均需存档、归档，以便审计和后期工程的扩容、改造，借阅和使用工程资料需经过批准。其他有效技术资料、评审意见等应妥善保存。

六、风险控制

（一）外部风险和控制措施

1. 技术风险

项目采用的技术是否成熟、可靠、具有稳定性和先进性，是评判信息化项目建设是否成功至关重要的指标。本项目涉及的技术都相当成熟，技术层面不存在问题。但是还是需要采取防范对策：

（1）在项目实施前对具体采用的技术路径进行风险分析，形成成熟、高可靠、低风险的实施方案。比如，应用软件开发的具体技术选择，系统安全保障的具体实施方案是否可行，并充分考虑技术标准与系统可扩展性。

（2）积极开展多方专家参与的技术可行性论证、实施方案论证等活动，对工程建设的可操作性和可实施性进行论证。

（3）采用性价比较高的成熟技术和成熟产品，不追求最新最先进的技术。经过市场考验、稳定成熟的技术是本项目建设的最佳选择。

（4）优先选择富有相关项目经验的专业开发商和供应商，保障技术开发、运行维护的可持续性。

本项目与内部管理系统以及其他相关部门的系统（如法人库等）需要建立接口。相关系统之间顺利实现业务与数据的流程对接是完成项目的关键。

相应措施：项目实施过程中需要协调各种接口资源，加强对基础数据资源的管理是保证纵向耦合的条件，有效的对外合作是实现横向耦合的基础。因此，在本项目实施前期和实施过程中，需要与上下级单位和相关机构进行充分的沟通，对交互和共享哪些数据要明确，在行政上保证信息交互的可实现性。避免沟通不畅而导致的项目建设失败。

2. 组织协调风险

由于本项目的建设涉及面广、涉及单位多，如果组织协调不力，很可能事倍功半。针对以上风险，我们制订如下对策。

（1）成立组织领导机构和执行机构。建立强有力的组织领导机构，并成立由多部门参与的实施小组，统一协调各部门、各区域之间的业务。

（2）领导重视、全员参与。随着业务的发展，各级部门对信息化的依赖程度越来越高，各级领导对信息化的重视程度也与日俱增。本项目在项目实施中，按业务条线分工，责任落实到部门和人，充分发挥业务骨干的作用。

（3）健全制度，加强内外协调。加强与内外单位的沟通、协调，确保项目建设的顺利推进。同时制定和颁布促进系统推广、管理、实施的整个过程的规范和科学的规章制度，保证项目过程有据可依、有法可查。

（二）内部风险和控制措施

1. 需求分析风险

功能需求模糊和变更是项目实施的首要内部风险。相应对策如下：

（1）要结合机构组织架构、机构职能要求和业务开展的具体情况，提出满足当前和未来发展的需求，定义清晰的边界和设计思路。

（2）通过系统的需求分析，将需求按紧要程度、重要程度以及相关程度进行分类、分等级。优先实现最关键和最重要的需求。在此基础上，逐步完善和加强系统功能。

（3）充分考虑到现有需求的不确定性，在分析阶段要反复论证和多方求证。

2. 开发设计风险

设计缺陷是由需求分析不准确导致的另一大内部风险。相应措施如下：

（1）充分考虑系统兼容性和开放性。要充分考虑到本项目与已建信息化项目和其他相关机构的信息化项目之间存在的大量信息交互和信息共享问题。因此，除了需要关注实施过程中的技术细节可行性，还需要充分考虑不同技术架构和技术平台以及数据结构的兼容性和系统可扩展性，要建立统一的技术标准和规范，尽可能减少技术可行性和可靠性带来的建设风险。

（2）为未来信息化建设留有余地。考虑到未来业务和服务需求的变化，软件在设计过程中还应当满足灵活性要求。在设计过程中，代码应尽可能灵活，可人为设置，而不是固定在代码中，从而为机构未来可能的业务变化提供必要的信息化支撑。

（3）建立规范标准。通过建立规范和标准，促使项目在设计过程中具有统一性。

3. 项目建设风险

项目建设风险主要指在系统的规划、筹建、招投标、开发、实施、验收等阶段的不确定性事件或因素的集合。必须主动、系统地对项目建设风险进行全过程识别、评估及监控，以达到降低项目风险、减少风险损失，甚至变不利为有利的目的，为系统建设打好基础。相应对策如下：

（1）通过分阶段建设的方法分散项目建设风险。

（2）实施项目监理制度，引进外部力量控制风险。

（3）实施专家咨询制度，引进外部力量防御风险。

（4）选择技术水平高、服务能力强的系统承建商，减小开发失败风险。

（三）长期运行风险和控制措施

1. 系统安全风险

本项目数据量大、系统之间接口复杂，受被动攻击的风险较高，需要建设完备的安全管理系统，包括网络隔离、防病毒、防入侵、漏洞扫描、防火墙等，从多方位保障系统与数据安全。

2. 数据更新

本项目主要信息来源于日常业务管理工作，数据的更新机制及其准确性是本项目的基础。应通过相关法律、规章、标准，结合技术措施，确保业务工作人员和相关数据提供单位按实际情况提供真实数据，并建立管理数据更新的制度以保障系统数据的更新和更新的准确性。

3. 维护风险

建立满足业务需求的维护机制。系统建成后，由专业技术队伍负责系统日常运行和维护，对技术维护工作进行专业化管理，长期委托具有丰富维护经验的公司建设维护平台、提供热线支持。从制度和组织上落实维护管理，减少维护过程中的风险。

第二节　保护中心智能化管理服务平台

一、平台简介

保护中心建设遵循产业发展规律，坚持以制度创新为根本，以服务社会经济发展为导向，注重打通知识产权创造、保护、运用、管理、服务全链条，重点形成支撑产业快速发展的专利快速审查、快速确权、快速维权的便捷通道，有效发挥知识产权制度激励创新的保障作用，促进河北省国际商贸的便利化发展，为河北省实现创新驱动发展提供有力支撑的建设原则，采用层次化、结构化的设计方法，融合"互联网＋知识产权、大数据、大系统、微服务"等多种先进技术路线，实现技术融合、数据融合、用户融合、应用融合，构建"五层架构、三大体系"的总体应用框架，实现专利（发明、实用新型和外观设计）快速授权、确权和维权的一体化，打造审查确权、行政执法、维权援助、仲裁调解、司法衔接相联动的知识产权快速协同保护平台，推进知识产权领域改革创新，实现知识产权支撑产业创新发展的目标。

总体架构由访问界面层、业务应用层、应用支撑层、数据资源层、IT基础设施层等五个层次，以及标准规范体系、安全保障体系、运维管理体系等三大支撑体系构成。

（一）五个层次

1.访问界面层

访问界面层通过内外网门户访问，为匿名用户、实名用户、审查用户、系统管理用户和运营管理人员提供统一的接入服务。

2.业务应用层

业务应用层包括各类业务应用系统和所支撑的服务，是平台所支撑的各种业务的集中体现，是实现各种服务的关键，在整个系统总体架构中处于非常重要的地位。应用主要包括管理类应用（包含模块：内外网门户）、核心业务应用、业务辅助应用和技术支撑应用。

3.应用支撑层

应用支撑层即应用层的基础，是实现应用系统各种服务功能的技术关键，为实现应用系统之间的无缝集成提供信息交换服务和业务协同支持。同时，应用支撑层也是系统总体框架和未来发展的重要基础，保障了系统的可扩展性。应用支撑层主要包括开发平台、管理平台、基础支撑框架、应用服务框架和行业组件。

4.数据资源层

数据资源层是实现各种服务和业务功能的数据的依据和来源，主要包括系统的信息资源和相应的管理系统。系统的信息资源包括原始数据、加工数据和交互数据，涉及数据类型包括专利申请数据、预审审查数据、保护维权数据、专利导航数据、用户认证数据、运营交易数据和运营互动数据等业务应用数据。

5.IT基础设施层

本项目拟采用连接河北省政务云的服务方式，充分依托政务云环境内的服务器、网络设备、存储设备、安全设备、运维管理平台和监控平台等为本业务应用提供支持。

（二）三大支撑体系

1. 标准规范体系

结合本项目的系统设计，编制项目生命周期的设计标准、规范和有关方案。分别适用于项目过程中的技术性活动和管理性活动。

2. 安全保障体系

通过架构设计和部署相应的安全设计，满足业务安全需求和等级保护需求并实现用户要求的相应功能。

3. 运维管理体系

为保障项目在良好状态下运行，提供及时、高效、全方位的技术支持与售后服务系统，尽量及时发现和消除故障隐患。

二、建设目标

（一）总体目标

围绕河北省节能环保、高端装备制造产业，建成河北省知识产权保护中心并实现有效运营，形成以快速审查与确权、快速维权服务为核心，专利导航与运营、科技咨询服务为补充的工作职能；统筹推进与市场监管局、文化广电和旅游局、海关、法院、仲裁等相关部门的执法协作与司法衔接；构建多级联动、服务健全、活力充沛的知识产权保护体系，在支撑河北省创新驱动发展战略、打造公平公正的市场环境、助推产业转型升级等方面发挥重大作用。

根据国家知识产权局深化知识产权领域改革和推进知识产权保护中心建设的工作部署，结合河北省产业创新驱动发展的定位和需求，保护中心建设旨在实现专利（发明、实用新型和外观设计）快速授权、确权和维权的一体化，打造审查确权、行政执法、维权援助、仲裁调解、司法衔接相联动的知识产权快速协同保护平台，推进知识产权领域改革创新，实现知识产权支撑产业创新发展的目标。

保护中心智能化管理服务平台是保护中心总体建设工作的核心内容和重要支撑，主要是针对保护中心业务和服务功能定位需求，实现为社会公众提供高质量知识产权保护公共服务以及为保护中心内部业务工作开展提供高水平信息化支撑的建设目标。具体将实现以下业务目标。

（1）能够面向社会公众提供便捷的快速审查申请、举报投诉、专利权评价、专利管理和保护信息查询等服务功能。

（2）能够满足保护中心内部实现专利预审审查、专利复审审查、无效审查等业务工作和相关服务的功能。

（3）为保护中心开展专利导航和专利运营服务提供信息化应用工具和对外服务窗口。

（4）方便保护中心开展内部综合业务管理和办公功能。

（5）能够满足国家知识产权局内部专利审查系统以及接入保护中心的基础信息化条件支撑的需求。

（6）能够满足专利快速审查、复审审查、无效审查的基础信息化条件支撑的需求。

保护中心智能化管理服务平台的建设力求实现"便捷服务、智能审查、高效管理和有力保障"的目标。首先在业务服务功能上，能够为社会公众提供便捷、高水平的服务；其次在内部审查业务中，能够利用智能化技术手段实现专利快速审查；再次是通过信息化手段，能够实现知识产权保护综合业务的高效管理；最后是为保护中心业务开展提供信息化基础条件的有力保障。

建成后的保护中心智能化管理服务平台将实现社会公众在线提交并管理专利快速审查申请、专利权评价申请、举报投诉等功能以及具备知识产权保护、专利导航和运营信息获取等应用。同时还具有保护中心业务人员专利预审审查、综合服务业务办理的应用功能。

（二）具体目标

保护中心信息化建设项目围绕中心职能和具体任务，面向公众服务需求，以服务产业发展为目标，以快速协同保护为核心，构建完善的知识产权保护体系，实现如下业务目标。

1. 保护中心智能化管理服务平台

建成包括保护中心公共服务平台、专利预审管理平台、综合业务处理平台、专利导航与运营服务平台等子系统的应用管理服务平台。为服务对象提供便捷的服务，进行专利快速预审、快速维权、专利导航等流程管理，保证工作流程合理合规。对申请主体备案信息、协助执法办案数量、接收各类预审服务申报数量、预审合格并提交至国家局的专利申请数量、评价报告申请数量和复审无效案件数量等数据进行统计、管理和上报。

2. 大数据监控中心

大数据监控中心通过对知识产权创造、保护、运用、管理和服务综合等相关业务进行动态采集、监控、预警和可视化大屏展示，协助管理者洞悉数据中的价值和规律，指导当前及未来的业务开展。

3. 多媒体审理庭

利用网络、通信、多媒体等技术和软硬件产品，扩展、延伸审理庭功能，为庭审活动提供录像、直播、点播、远程等技术支持和技术保障，为案件信息管理和应用提供技术支持和技术保障。发挥信息化工作在提高效率、规范活动、加强监督、促进公开等方面的作用。

4. 会议室及受理大厅

通过应用视频终端、摄像头、电视、投影仪、麦克风等多媒体设备，建设远程视频会议室，实现与不同地方的个人或群体进行声音、影像资料的互相传送，达到即时且互动的可视会议沟通效果。建设普通会议室、党建会议室（党员之家），以便于召开学术报告、会议、培训，组织党员学习活动和接待客人。通过应用监控摄像、高速数码复合机、排号机、打印机、扩音器、显示屏等信息化设备，建立信息化的受理、咨询窗口，为公众快捷办理业务以及自助服务提供便利。

5. 保护中心网络

使用河北省省级政务云的计算服务、存储服务、安全服务和互联网带宽等各类服务，确保系统安全、稳定地运行，并在此过程中对业务系统运行环境进行持续优化与改造，充分优化系统整体健壮性，提高系统可靠性。

三、建设内容

按照保护中心具体功能需求进行保护中心信息化体系建设，其中包括保护中心业务和服务软件系统，保障系统运行和业务工作的设备间、服务器、网络安全设备等硬件环境，多媒体会议系统，受理厅信息化系统，多媒体审理庭。

保护中心业务和服务软件系统主要包括保护中心信息平台、大数据监控平台和配套软件采购等。

（一）标准规范建设

1. 本项目实施适用的核心服务规范体系

为保障本项目的有效实施，并全面满足服务需求，本项目是在服务质量管理体系规范的指导下，遵循知识产权服务与软件系统开发服务的相关标准规范体系而开展的。本项目中主要涉及的标准规范如下。

（1）《ISO9001：2015 质量管理体系》。

（2）《知识产权文献与信息 分类及代码》（GB/T 21373—2008），发布日期：2008-01-14。

（3）《知识产权文献与信息 基本词汇》（GB/T 21374—2008），发布日期：2008-01-14。

（4）《专利信息统计数据项标准（第一部分）》（ZC 0005.1—2003），发布日期：2003-1-15。

（5）《计算机软件测试文档编制规范》（GB/T 9386—2008），发布日期：2008-04-11。

（6）《计算机软件文档编制规范》（GB/T 8567—2006），发布日期：2006-03-14。

（7）《计算机软件需求规格说明规范》（GB/T 9385—2008），发布日期：2008-04-11。

以上标准规范中，《ISO9001：2015 质量管理体系》是本项目实施的统领性标准规范体系。

2. 项目标准化流程管理

除了在以上适用标准规范体系基础上开展本项目的工作，还需要在项目实施过程中建立一系列项目工程标准和规范，包括数据规范、技术规范、项目管理规范和业务标准规范等。同时，还要对项目实施过程中的程序性文件、过程文件和记录文件形成有效控制与管理。

（1）项目标准规范制定流程。本项目的标准规范建设是一项基础性工作，需要根据本项目的实际情况分步进行实施。标准规范研究制定过程要经过规划、研制、试用验证、宣贯与培训、应用示范、完善与实施等六个阶段，而每个阶段的工作都需要在统一的标准规范工作平台上完成。

应在对标准设计方法进行调研的基础上工作，针对不同的标准规范内容采用相应的工作方法，从而制定出各项标准以及调整更新机制。

（2）标准规范更新流程。标准规范应随着业务的发展而不断更新，以适应规模与功能的需要。图 5-2 为标准管理更新维护的规范流程，从而使标准的变更只有经过审核确认才能得到实现。

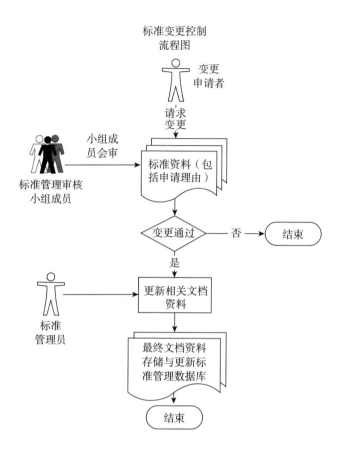

图 5-2　标准管理更新维护的规范流程

（二）数据交换共享

1. 数据资源类型

根据保护中心用户需求可知，平台的数据资源主要由基础资源、平台产生的运营数据两部分组成。

数据资源的类型不同，其来源和获取途径也不相同。下面分别对不同类型数据资源的来源和获取途径加以分析。

节能环保和高端装备制造产业领域全球专利著录项目数据、全球专利全文数据，中国专利复审无效法律文书数据，中国商标数据，中国地理标志数据，中国法律法规数据和产业专利导航报告数据资源来源稳定，数据质量相对较高，可通过数据接口获得。

智能化辅助审查案件过程数据、智能化辅助审查案件事务数据、智能化辅助审查案件原始文件数据是由平台业务服务自身所产生，无须外购。

本项目建成后，主要产生的数据资源情况如表5-1所示。

表5-1 平台数据资源规划列表

数据名称	建设方式	来源	备注
节能环保领域全球专利著录项目数据	接口调用	数据接口（提供3年数据支持）	
节能环保领域全球专利全文数据			
高端装备制造产业领域全球专利著录项目数据			
高端装备制造产业领域全球专利全文数据			
中国专利复审无效法律文书数据			
中国商标数据			
中国地理标志数据			
中国法律法规数据			
产业专利导航报告数据		定制开发	
智能化辅助审查案件过程数据	平台运营	平台产生数据	用户保密数据
智能化辅助审查案件事务数据			
智能化辅助审查案件原始文件数据		用户数据	

2. 数据资源共享

近年来随着国家数字型政府的建设的推进，信息化系统的建设需要重点考虑与政府相关部门进行数据共享，未来政府相关部门如果需要河北省知识产权相关数据即可根据相关流程及标准进行数据交换。

可与人民法院、公安、检察院等司法部门探索建立信息共享、工作互动、执法协作等协作机制，设立知识产权巡回审判法庭，强化行政执法与刑事司法的紧密衔接。行政调解执行当事人拒不履行行政决定的，人民法院、公安、检察院依法依规快速及时受理、司法鉴定、审查并执行，发挥好行政保护与司法保护的优势互补作用。

在保护中心主持下达成的专利侵权纠纷调解协议可引导知识产权纠纷双方当事人自调解协议生效之日起三十日内共同向法院申请司法确认。在人民法院依法确认调解协议的效力后，保护中心应对调解协议的履行情况进行监督，督促当事人履行约定的义务。一方当事人拒绝履行或者未全部履行的，应告知对方当事人向人民法院申请执行。因不符合法律规定，被人民法院裁定驳回司法确认申请的，保护中心可以组织当事人通过二次调解变更原调解协议或者达成新的调解协议。

（三）智能化管理服务平台

智能化管理服务平台是为保护中心各项业务工作开展服务的一站式服务平台，其主要功能包括公共服务、智能化确权辅助、知识产权导航服务、综合业务办理、后台管理等功能。

1. 公共服务系统

公共服务系统是保护中心对外服务的门户网站，面向用户提供信息发布服务，对各业务功能模块进行网站展示、管理；包括用户注册、登录、基础信息管理、专利管理、失信名单信息公告等业务功能。

（1）首页。首页是保护中心面向公共用户提供服务的集中入口，汇集了各个子系统的功能展示，设置了用户登录注册功能区，是注册、登录、注销、找回密码功能的用户操作接口。

（2）用户注册。对外公众用户可注册的类型包括普通、备案两种。备案用户具有专利申请预审和复审无效预审模块的访问权限。

①普通用户：在线填写用户名称、用户名、密码、手机号之后，用户注册成功。

②备案用户：在线填写用户备案信息之后，管理员在后台审核，审核通过后，用户备案成功，成为备案用户。

对内管理员类型用户包括预审员、平台管理员、审计员等，都通过管理员后台创建完成。

（3）用户登录。

①普通／备案用户登录。用户注册完成后，输入用户名、密码或者手机号、验证码，系统进行安全验证后可登录系统。系统登录成功后，用户可进行密码修改、找回、用户注销等系统操作。

②审查员登录。审查员的账户信息都是由系统管理员统一进行分配，审查员登录系统时，只有使用在指定 IP 地址的终端设备才能够成功登录系统。

③后台管理员登录。后台管理用户在用户登录页面，输入账号、密码后登录。进入平台管理后台。

④异常登录限制。系统设置安全保护，连续 3 次密码输入错误将自动冻结账户 10 分钟；用户被禁用将无法登录；预审员不在指定 IP 范围内不能登录。

⑤用户注销。普通 / 备案用户在主平台登录后，点击"注销"，页面跳转到主平台用户登录页面。

专利申请预审员登录后，点击"注销"，页面跳转到预审系统审查端登录页。

专利复审无效预审员登录后，点击"注销"，页面跳转到复审无效系统审查端登录页。

⑥忘记密码。用户登录账号时若忘记密码，可点击"忘记密码"，输入用户名 / 注册时手机号、手机验证码，点击下一步，进入重置密码页进行密码重置，然后可以重新登录。

（4）基础信息管理。用户登录后，用户名下拉显示"基础资料"，点击进入，可查看用户基础信息（用户名、用户名称、手机号等）。同时提供用户修改密码、手机号等信息的入口。

（5）保护信息发布。保护信息发布系统用于支持各类知识产权保护有关通知、新闻动态、公告、政策等信息的发布。

①信息概览。信息概览页主体内容包括新闻配图、资讯标题、摘要、发表时间。

筛选：系统支持按资讯类别简单筛选。

搜索：系统支持按标题、发布者、关键词进行搜索。

②资讯详情。资讯详情展示内容包括题目、发表时间、来源、作者、可下载附件等。

（6）专利管理。用户在线提交快速审查申请后，由保护中心的审查员在后台对相关申请资料进行审查。系统会自动为申请案件建立案件号，用户可对提交的案件进行全程管理，包括专利预审管理和复审无效管理。

①专利预审管理。

预审案件管理：新建案件，用户在线提交专利申请文件、预审资质文件并填写预审相关信息后，可提交案件到预审系统。

未提交案件：用户可以浏览、编辑、删除。

案件审查信息：用户可以浏览审查中案件的基本信息和通知书信息。

待答复案件：用户可以针对所接收到的通知书对需要答复的案件进行答

复修改。

复核案件管理：用户线下将电子申请文件提交给国家知识产权局，获得受理并缴费后，将申请号、申请日、受理凭证上传到预审系统中，供预审员复核使用。

通知书：用户可以在线浏览接收到的通知书信息，并下载通知书到本地。

我的消息：用户可在线查看系统发送的在线消息内容。

已审结案件管理：用户可在线浏览已经审查结束的案件信息。

②复审无效管理。

复审无效案件管理：新建案件，用户在线提交复审无效申请文件、预审资质文件后，可提交案件到预审系统。

未提交案件：用户可以浏览、编辑。

待答复案件：用户可以针对接收到的通知书对需要答复的案件进行答复修改。

复核案件管理：用户线下将电子申请文件提交给国家知识产权局专利局复审和无效审理部，获得受理并缴费后，将受理凭证上传到预审系统中，供预审员复核使用。

通知书：用户可以在线浏览接收到的通知书信息。

我的消息：用户可在线查看系统发送的在线消息内容。

已审结案件管理：用户可在线浏览已经审查结束的案件信息。

（7）失信名单公告。在线公告失信企业名单，该名单为定期发布，提供名单显示列表、名单快速查询入口以及名单申诉入口等功能。

对失信申请人名单进行维护管理，定期将通过审核的失信申请人信息增加到名单中，并在后续业务中进行使用。

2. 智能化确权辅助系统

智能化辅助审查系统是根据保护中心的专利申请的受理和审查流程管理要求，实现专利申请、复审无效、专利权评价报告快速审查、智能化辅助审查的工作系统，主要包括专利申请预审辅助审查、复审无效预审辅助审查。

（1）专利申请辅助审查。

①案件辅助审查。预审员可在保护中心内部网络环境下运行业务系统。对于用户提交的案件，系统自动分配或管理员分配给预审员。预审员收到审查任务后，对审查文档进行审查，并根据实际情况提供相关意见和建议。预审审查业务包括案件预审、互检、质检、领导审核等环节。

②智能化辅助审查。智能审查组件是集成在辅助审查系统中的智能化辅

助审查模块，主要包括以下功能。

智能形式审查：对专利形式审查及实质审查中存在的问题进行智能检查，对明确存在问题的地方进行提示，由人工进行确认。

非正常申请检查：针对专利文本内容，自动进行相似性专利排查，列出其他专利文献中相似性程度较高的专利文献和相似度。

③辅助审查复核。对于通过初步辅助审查的专利申请文件，申请人应当在一定期限内正式提交，由预审员对该申请文件进行复核审查。复核通过后，向申请人发出辅助审查通过的正式通知，并跟进专利授权情况。

④加快审查案件跟踪。预审员可登录系统，对其审查的案件的最新状态情况进行跟踪，并将跟踪结果回填到所审查的案件中，以方便申请人随时了解案件最新进展情况。

⑤辅助管理。

角色管理：系统对各种用户角色进行严格的权限管理，可以根据角色的不同设置不同业务模块的使用、查询、修改的权限。采用角色权限分配方式可以避免岗位变化、人员改变时权限分配的复杂性，这种情况下改变权限设置即可。

消息管理：系统针对账户审核、案件业务流转状态发送信息，提醒预审员及时处理业务。

期限管理：可以限制审查过程中各节点业务的处理时间，以实现案件在预审过程中的高速流转。

任务分配：可以对快速审查业务中不同流程的人员、任务分配进行手动或自动的配置。

统计分析：管理员对当前预审审查业务运行情况进行分析，主要统计指标包括总体概况、案件分析、预审员分析和申请人分析。可以按照时间周期、预审员、产业领域等维度进行统计，并可导出统计分析表单。

其他管理：IP 管理可限定系统允许访问的 IP 端范围。打印管理可对申请文件是否允许打印进行设置。配额管理可对备案用户提交案件进行设置管理。

（2）复审无效辅助审查。专利复审无效辅助审查系统是能够实现专利复审和专利无效快速审查、辅助审查的工作系统，是在保护中心内部网络环境下运行的业务系统，供预审员使用。

①复审无效辅助审查。审查员登录系统账号后，查看系统或管理员分配的复审无效辅助审查案件任务，查看任务资料、辅助审查案件等信息。

②辅助审查及复核。审查员查看完复审无效辅助审查信息后，可以在线

打开预审待审查文档资料，对资料技术内容、格式规范以及专利的三性等方面进行预审查，如果认为符合专利快速复审无效审查条件，则在线向申请人发出预先审查通过的通知以及相关建议意见，并提醒申请人及时提交复审无效申请；如果认为不符合专利快速复审无效审查条件，则向申请人发出驳回快速审查申请的通知，并根据实际情况提供相关意见和建议。

③加快审查案件管理。预审员可查看其审查的复审无效案件的最新状态情况。

3.知识产权导航服务系统

知识产权导航服务系统是面向保护中心节能环保和高端装备制造产业专利导航服务的产业专利专题信息和专利导航信息服务工具。包括产业专利导航专题库、专利导航发布、商标库、地理标志库、中国知识产权裁判文书库和中国知识产权法律法规库。

（1）产业专利导航专题库。产业专利导航专题库是多层级的分类导航，采用树形导航方式，分层级展示产业各层级分类节点。点击任意一个分类节点，系统就会显示出该技术分支下的全部专利信息，可浏览对应节点下的检索结果，系统支持对检索结果的统计分析、二次检索、排序、下载等。

①专利专题库数据加工。可提供高端装备制造、节能环保产业预置专利导航数据库平台，完成细分产业技术领域专题数据表达式制作及相应专利数据检索工作，方便用户分类查询相关专利信息。

②专利检索。专利检索能够实现对系统收录的产业导航专利信息资源的检索服务，在检索模式和检索功能设计上，支持对任意节点下的专利数据进行表格检索，检索字段包括号码类型、日期类型、相关人类型、分类号类型和文本类型，如申请号、公布日、名称、申请人、IPC、代理机构等。

③专利浏览下载。浏览下载功能包括专利概览显示、专利细览显示、筛选、专利排序、专利下载、专利统计分析，通过此功能不仅可以获得专利文献的详细内容，还可以进一步得到其有关法律、经济活动、科技价值等方面的技术情报，并可以方便地完成各种专利数据的本地化下载。

概览显示：专利概览显示全部检索结果的概要信息，包括著录项目、法律状态、说明书附图等专利信息，为用户进一步进行筛选、统计等其他功能的扩展应用提供便利。

细览显示：专利细览是对专利详细内容的显示，包括文献详情、法律状态、专利评估。文献详情显示专利的著录信息、摘要、说明书附图、权利要求书、说明书信息；专利评估是从稳定性、保护范围、技术应用性、技术质量四个维度对专利文献进行评估，最终对专利形成一个具体打分。

筛选：筛选是对检索结果按照一定筛选条件进行统计分类，提供一种简便的方式来对检索结果进行进一步的精确与限定。筛选字段可包括专利类型、当前权利状态、IPC 分类、申请年、申请人等。

排序：专利排序是在检索的基础上，对全部检索结果按照排序字段进行重新排序并显示出来，排序字段包括申请日、公告日等。

下载：下载功能支持对专利文献 PDF 格式的本地化下载。

专利统计分析：专利统计分析功能是在专利信息检索的基础上，实现专利信息的定量统计分析，并可以自动生成专利分析报告，方便用户了解专利技术整体发展趋势、技术和地域分布、竞争情报等信息，为企业专利战略以及市场、研发策略的制定提供有力的武器。

专利统计分析功能模块能够实现的功能包括趋势分析、国省分析、地域分析、申请人分析、发明人分析、技术分类分析等定量分析功能。

在功能操作的设计上，一方面能够突出方便快捷的理念，用户仅需要进行"一键式"操作，就可以得到各种专利分析结果；另一方面，系统也能够满足不同用户各种个性化信息分析的需要，可以自定义设定分析指标，自动生成分析模板，并且可以对不同模块的分析结果进行个性化设置，满足高级用户进行专业化分析的需要。

（2）专利导航发布。可定期制作各产业及各细分技术领域的专利导航分析报告，并通过系统进行导航报告发布。报告的发布可采取多种形式，既可发布报告全文，又可发布缩减版报告。同时，此功能还将提供各产业领域专利微导航报告定制服务。

（3）商标库。

①商标检索。商标检索能够实现对系统收录的中国商标信息资源的检索服务，在检索模式和检索功能设计上，支持对任意节点下的商标数据进行表格检索，检索字段包括尼斯分类、类似群号、注册号、申请号、商标名称、申请人名称、代理人名称。

②商标浏览下载。浏览下载功能包括商标概览显示、商标细览显示、筛选、商标排序、商标下载。

商标概览显示：商标概览显示全部检索结果的概要信息，包括当前权利状态、尼斯分类、申请人名称、注册年、中国省区、代理人名称等商标信息，为用户进一步进行筛选、统计等其他功能的扩展应用提供便利。

商标细览显示：在商标细览页面中，用户可查看包含基本信息、申请人信息、代理人信息、商品服务列表、商标注册信息、商标公告状态的商标详情、商标流程以及商标相关数据。

筛选：筛选是对检索结果按照一定筛选条件进行统计分类，提供一种简便的方式来对检索结果进行进一步的精确与限定。筛选字段可包括当前权利状态、尼斯分类、申请人名称、注册年、中国省区、代理人名称等。

排序：商标排序是在检索的基础上，对全部检索结果按照排序字段进行重新排序并显示出来，排序字段包括注册日期、申请日期和权限截取日期等。

下载：下载功能支持对商标文献 PDF 格式的本地化下载。

（4）地理标志库。

①地理标志检索。地理标志检索能够实现对系统收录的中国地理标志信息资源的检索服务，在检索模式和检索功能设计上，支持对任意节点下的地理标志数据进行表格检索，检索字段包括产品名称、所在地域、公告号、公告时间、申请人全称、申请人地址、保护范围。

②地理标志浏览。浏览功能包括地理标志概览显示、细览显示、筛选、排序。

地理标志概览显示：地理标志概览显示全部检索结果的概要信息，包括公告时间、公告类型、公告单位、所在地域和申请人全称等地理标志信息，为用户进一步进行筛选、统计等其他功能的扩展应用提供便利。

地理标志细览显示：在地理标志细览页面中，用户可查看基本信息、变更履历、核准公告和核准公告变更。

筛选：筛选是对检索结果按照一定筛选条件进行统计分类，提供一种简便的方式来对检索结果进行进一步的精确与限定。筛选字段可包括国民经济分类、公告类型、公告单位、所在地域和申请人全称等。

排序：地理标志排序是在检索的基础上，对全部检索结果按照排序字段进行重新排序并显示出来，排序字段包括公告时间、初审时间等。

（5）知识产权裁判文书库。系统包含中国法院裁判文书全文，可实现著录信息检索和全文的检索与浏览。

①裁判文书检索。检索采用表格检索模式，检索字段为包括案号、名称、原告或上诉人、法院名称、案件类型、立案年等在内的日期类型、号码类型、分类号类型、文本类型、代码类型、相关人类型字段。

②裁判文书浏览。检索结果的浏览包括概览和细览两个模式。概览模式显示所有检索结果的概要信息，如名称、案号、法院名称、原被告信息等。细览模式页面提供裁判文书全文信息。

（6）中国知识产权法律法规库。系统包含中国知识产权法律法规数据。

①法律法规检索。检索采用表格检索模式，检索字段为包括发文字号、法律名称、发布部门、法条名称、实施日期等在内的日期类型、文本类型、代码类型、相关人类型字段。

②法律法规浏览。检索结果的浏览包括概览和细览两个模式。概览模式显示所有检索结果的概要信息，如发布日期、法条名称、法条内容等。细览模式页面提供法律法规的全文信息。

4. 知识产权运营服务系统

知识产权运营服务系统总体功能上为知识产权服务的交易提供一站式全流程服务，推动交易双方供需对接。主要业务包括项目登记、项目审核、项目信息展示等。同时辅助用户甄别知识产权项目、了解知识产权法律法规、避免侵权风险、加强知识产权运营等。

（1）项目登记。项目登记的用户包括运营机构和创新主体，创新主体包括个人专利权人、高校院所、企业单位、持有专利的专利联盟等。用户登记发布信息需要进行用户身份验证。知识产权登记的信息包括交易金额、交易类型、知识产权类型、地区信息、联系方式等多维度的详细信息。以专利登记为例，登记信息包括名称、申请号、公开号、申请日、申请人、发明人、IPC 分类号、专利类型、交易方式、持有人类型、所在地、价格等信息。

（2）项目审核。项目数据登记完成后即进入审核阶段，审核方式为人工审核。审核的依据是中国专利数据。

（3）项目信息展示。知识产权供应方登记的项目信息通过审核后，可选择向系统发布信息。项目信息展示是系统对知识产权信息在对应的交易主页面进行集中的展示。信息展示表现为基于导航的概要浏览及详细浏览，逐步引导用户通过多个维度定位到精确的专利信息。为了便于用户个性化地查找信息，信息展示同时提供排序、筛选及搜索的功能。

①导航。产业导航浏览是通过对专利登记的专利信息进行标定来实现，通过 IPC 分类与产业导航体系的对照对专利进行产业标定。

②概览。概览页面通过和知识产权登记信息进行关联，列出所发布信息的部分内容，用于快速浏览相关信息。概览页面嵌套排序、筛选的功能，能帮助需求方用户更快地找到自己所需要求购的知识产权信息。

排序：支持按照交易金额、发布时间指标进行排序，无操作时为默认排序。

筛选：针对不同知识产权交易，系统支持按照交易金额、交易类型、发布时间、商品类别等信息进行快捷筛选，能帮助需求方更快地找到自己所需要求购的知识产权信息。

③细览。细览页面包括商品详情、交易流程的详细展示，对项目信息进行具体呈现。

5.综合业务办理系统

综合业务办理系统主要是为保护中心快速维权、保护协作等业务提供信息化应用系统支撑服务，包括举报投诉、维权援助、专利资助等服务。

（1）快速维权处理。

①举报投诉处理。支持接收、查询举报投诉信息，并对相关信息进行处理，填报处理意见并向申请人发送通知。

②维权援助。预审员对申请人提交的维权援助案件进行处理。

（2）专利权评价报告。

①专利权评价报告申请。实名注册用户登录系统后，可以进入专利权评价申请提交功能界面，在此处可以在线提交专利的专利权评价申请资料。提交资料时应当填写在线申请表格和相关证明文件，系统后台验证通过后，方可视为在线申请提交成功。

②专利权评价报告申请信息处理。系统收到专利权评价报告申请信息后，对相关信息进行处理和发送，填报处理意见并向申请人发送通知。

（3）备案管理。用户提交注册备案资料，系统对业务资料进行审核、备案、管理，并将结果通过短信方式反馈给用户。

6.后台管理系统

后台管理系统是平台超级管理员和管理员进行业务管理的应用模块，主要包括用户后台管理、系统管理、日志管理和信息发布管理等。

（1）用户后台管理。

①用户类型。

超级管理员：系统管理员，具有开通用户权限、管理用户权限的权限。

业务员：超级管理员可以开通业务员工作权限，包括保护信息发布、处理举报投诉信息、专利权评价申请处理、日志管理、用户管理等，超级管理员可以根据人员具体情况，有选择地开通功能权限。

专利申请预审员：能够开展专利申请预审工作的人员可以具体分为发明专利预审员、实用新型预审员和外观设计预审员。

复审无效预审员：能够开展复审无效预审工作的人员。

备案用户：能够在线提交预审申请的，经过实名认证的用户。

普通用户：可以在线访问平台公共服务系统，可以进行导航、登录运营系统和发布信息的用户。

游客：不需要注册就可以访问公共服务系统网站的用户。

②用户管理。用户管理主要包括对申请人、预审员等用户角色的信息维护。

用户审核：可以删除和停用账户信息。

预审员开通：开通专利审查员账户需要提交审查员实名信息、注册信息、审查类型等。可以删除和停用账户信息。

其他用户开通：为内部其他业务人员根据具体业务工作内容开通功能权限。

（2）系统管理。

①导航服务系统管理。专利导航发布：将定期制作的各产业及各细分技术领域的专利导航分析报告通过系统进行发布。

②运营服务系统管理。运营服务系统管理主要包括项目审核、项目发布与管理。

项目审核：系统对需求信息和供应信息进行审核，审核未通过，返回信息的发布环节；审核通过后，进入项目信息的发布展示环节。项目信息审核采用人工审核方式进行。

项目发布与管理：审核通过的项目信息即进入项目发布展示环节。项目发布包括名称、类型、交易方式、价格等多维度详细信息。项目管理包括对发布的专利商品进行管理，支持对其进行信息查看、信息编辑、状态管理等。

③综合业务系统管理。综合业务系统收到用户提交的快速维权处理信息、专利权评价报告、备案管理信息及其他业务信息资料后，系统对信息资料进行审核、管理，并可将相应处理信息反馈给用户进行下一步操作。

（3）日志管理。为保证数据的完整性和机密性，系统具备安全检查功能，在数据传输过程中需体现身份认证及行为不可抵赖。系统对所有的操作进行追踪调查、记录并进行分类，具有日志记录和日志导出功能。对于系统产品与服务，通过日志数据分析，实时监控用户使用情况，过滤服务资源滥用情况，并对非正常用户行为及时采取封锁 IP 等措施。

（4）信息发布管理。管理员对发布的与各类知识产权保护有关的通知、新闻动态、公告、政策等信息进行审核、管理，同时也支持项目信息和服务机构评价信息在线发布的审核、管理等，可进行增加、修改、删除等操作。

（四）大数据监控平台

1. 概述

政府治理已随着社会环境的改变以及科技的发展进入新的阶段。大数据技术的发展让政府看到了技术带来的助推力。借助大数据技术，管理者可以更为精准地掌握社会需求，及时回应社会诉求。知识产权保护中心建设是国家知识产权局及创新主体开展知识产权保护的重要举措。了解区域产业结构、企业知识产权的申请注册情况等可以更好地为"快保护"提供由分析监测得到的客观数据，支撑"快保护"发展，使相关工作的开展更有方向性、准确性、及时性。

知识产权监控管理系统是面向知识产权各级管理部门，以大数据、BI 商务智能为理念进行设计，提供知识产权管理数据监测分析的平台，分为两大部分：可视化数据展示大屏及数据监测分析系统。其功能及发挥的效果主要有以下几点。

（1）保护中心展示工作态势和快保护成效的重要窗口，同时便于与上级单位及其他保护中心等机构开展业务交流。

（2）对标"放管服"，完善保护中心服务大厅建设，通过数据可视化大屏展示中心服务内容，监测业务办理情况，提升公众办事体验。

（3）全面监控展示区域、主体及保护中心业务数据情况及发展态势，辅助提升分析决策效率，支撑对公业务开展。

2. 大数据监控中心体系架构

作为知识产权保护中心的大数据监控中心，其建设基础是对大量知识产权数据、区域数据、产业数据等的采集、清洗、加工、存储与应用。

数据源存在需加工数据时，将触发数据加工管理模式，步骤如下。

（1）数据资源管理平台提取待加工资源，将数据传输到加工中心。

（2）数据加工中心按照数据加工规则和标准，完成数据加工，并将结果数据返回给数据资源管理平台。

（3）管理平台将满足质量检测要求的成品数据送到大数据监控平台数据库中待后续进行分析应用。

（4）更新数据资源管理平台资源目录。

3. 建设内容

大数据监控中心建设包括以下几个方面。

（1）完成数据资源中心建设：包括各类知识产权数据、区域数据、产业数据以及保护中心审查业务及管理数据。

（2）完成大数据监控中心数据加工标准及应用方案建设。

（3）完成数据管理后台建设。

（4）完成可视化展示平台建设。

（5）完成智能报告系统建设。

4. 平台架构

知识产权监控管理系统由数据支撑层、应用层及访问展示层三个层级构成。系统通过大数据采集、存储、处理技术整合各类相关数据资源，构建知识产权业务管理所需要的数据仓库，形成产品的数据支撑层，并进一步在应用层通过统计分析和数据挖掘，得到河北省知识产权管理所需要的各种信息、知识。大量而庞杂的信息通过信息及分析技术及可视化技术以简单、直观、友好的新形态在访问展示层呈现。

（1）数据支撑层。数据支撑层是系统的基础，包括系统拥有的大量知识产权数据资源、企业商情等综合数据资源以及用户导入数据三大部分。此外，系统能够对用户自有数据进行定制化导入及加工。多种数据资源基础、规范的更新管理机制以及对用户数据的评估应用共同构成了系统背后可靠的支撑体系。

①知识产权数据。对专利、商标、地理标志、版权等各类知识产权数据进行整合、重构、挖掘，可以获取到创新主体、区域、产业等各类用于深度分析的数据、信息、知识。

②创新主体数据。创新主体的创新活动的可测量数据指标蕴藏在专利、商标等各类知识产权数据当中。对专利公报、商标公告、集成电路布图设计公告、著作权登记信息等原始数据中的申请人、发明人名称信息进行提取、规范化处理及合并，可以得到创新主体数据。以创新主体数据为核心，可以分析的有发明专利申请情况、专利转化运营情况、合作发明产业分布情况等一系列与创新活动相关的指标。

③区域数据。按照行政区划级别对某区域内数据进行区域维度分类，有助于对当地知识产权业务情况有更精准的定位和掌握。系统通过对专利申请人、商标申请人的地址信息进行加工，完成省、市、区县三级行政区划的标引。

④产业数据：专利文献及企业商情数据中蕴含着行业、产业信息。通过对其中的 IPC 分类信息、国民经济行业信息、行业门类信息进行分析归纳，建立以创新主体、专利技术为核心的产业分类体系，从而能够辅助地区管理者

了解本区域的产业分布及发展情况，定位优势产业，助力区域产业结构转型升级。

⑤权利状态数据。专利申请、商标注册量等一直处于高速增长阶段，形成了海量的知识产权数据。对其中法律状态、权利状态信息的抽取、加工可以为每一项知识产权标引当前的权利状态，如有效、到期失效、宣告无效、权利放弃、在审等。权利状态的确定对于分析本区域政策实施效果具有一定的参考意义。同时，可从一定程度辅助判断创新主体、区域的实际创新实力。

⑥代理服务机构数据：作为知识产权行业重要的构成部分，在国家知识产权局的监管及促进下，代理服务机构市场规模多年来不断壮大。其业务开展具有划区域性、产业领域性等特点，因此区域内代理服务机构的规模、代理案件领域可以侧面反映地区的创新能力。同时，对代理机构的代理业务的内容、效率，执业代理人情况等进行客观分析，可以评价地区机构的代理业务的发展是否健康。

⑦专利运营数据。随着国外专利运营的不断发展，我国专利事业发展也逐渐完成了由量到质的思路转变，各类运营模式逐渐建成。如何让专利发挥更大作用，实现其技术、市场价值，已成为各方关注的焦点。对专利法律状态信息进行抽取和加工后，专利的三大运营类型（许可、转移、质押）的运营活动次数、参与的主体等均可以被分析监控，从而辅助管理者掌握本区域创新主体在全国乃至世界范围内参与专利运营的情况，为进一步有效开展专利运营工作打好基础。

⑧专利价值数据。国家知识产权局于2016年12月份印发了《专利质量提升工程实施方案》，力求按照质量取胜、数量布局的工作理念，引导创新主体，把工作重点放在提高专利质量上，培育出更多高价值专利。高价值专利的确定既可以从专利本身的技术的角度进行评价，又可以从专利最终实现的市场价值的角度进行评价。利用专利文献中的客观信息，通过数学模型，对于每件专利进行价值度打分，这是通过技术角度完成了高价值专利的初步筛选评价。

⑨保护中心业务数据。展示保护中心实际业务运行的有关数据情况，包括注册备案用户数量、预审审查情况、专利授权情况及周期、维权援助服务数量、专利确权数量、口审与庭审通知及影像、专利运营服务情况等。系统可根据实际业务发生情况进行动态数据捕捉和数据展示。

⑩用户数据应用。各级知识产权管理单位在管理运行过程中都沉淀了大量本领域数据资源，如知识产权执法情况、维权援助情况、专利资助情况、专利实施效益情况、品牌服务机构、知识产权示范试点企业等。这些数据是对上

述知识产权数据的有益补充，共同丰富、完善了产品的分析内容。产品支持对用户数据的清洗、加工、标引及应用，项目立项后，会对用户数据的部分进行定制化处理，在摸清数据情况的基础上，进行数据导入功能的开发。

⑪数据更新管理机制。数据可视化大屏及监测平台可令用户及时获取业务动态信息。专门的数据加工及分析团队可以保障及时将分析结果更新到系统中，避免信息滞后会造成的问题。

同时，平台所应用到的数据资源众多，其中用户数据部分可能涉及内部保密数据，因此系统的数据管理机制十分重要。产品提供以下两种部署方案，以保证用户数据的安全。

本地化解决方案：数据仓库建设在用户本地服务器中，包含涉密数据及非涉密数据两部分。一方面，用户可以直接将内部数据按固定的数据规范导入数据仓库中；另一方面，用户可以从远端主动或自动获取公开数据的处理结果，直接导入数据仓库当中。这样可以有效保证用户数据资源的安全性和私密性。

云端化解决方案：系统中不涉及用户保密数据，特别是最新的申请数据。全部数据都可以在云端服务器上进行处理，数据仓库可根据用户需要建设在用户本地或云端服务器上，用户直接访问相关应用即可。

（2）应用层。

①数据统计分析。产品数据统计分析全部在后台完成执行，通过展示层呈现在访问界面中。

②数据接口服务。由于知识产权领域数据量较大，根据用户对数据的需求，产品可提供 API 接口服务，不进行大规模的硬件本地化部署。

③权限配置管理。由于区域管理具有行政区划层级，同时，同一管理部门内部又分为管理层、业务人员等级别划分，所以系统提供多层级权限配置，满足各级别人员从浏览到管理的权限需求。

④数据导入。支持用户数据的自主导入，该功能可以帮助用户自主掌握部分监控内容的更新周期并保障数据的安全性。

⑤智能报告。智能报告分为两大部分，一是监控报表的导出，二是依据定制化模板自动生成统计分析报告。统计分析报告自动生成后，用户可导出到本地进行二次编辑加工。

（3）访问展示层。访问展示层依据用户的应用场景需求，提供数据可视化大屏的定制化设计开发、移动端定制开发。

5.数据监测分析系统

以数据为基础，围绕知识产权监管的各个方面，系统主要设计了监测分析模块。数据监测分析系统为保护中心内部监测系统，不对外开放。

（1）全景概况。从创新创造、专利运营到服务业态等，全面展示地区整体情况。

（2）创新创造。创新创造模块围绕本地区近五年商标注册量情况以及著作权的申请、注册、备案、登记情况进行统计分析。

（3）保护环境。随着贸易摩擦的加剧，国家不断明确表明严格保护知识产权的态度。国家知识产权局提出要加快完善《中华人民共和国专利法》等在内的知识产权保护法律体系，推动知识产权保护体系建设，提高知识产权审查质量和效率，做好商标、专利执法指导，依法严厉打击知识产权侵权行为。以此为背景，保护环境的模块设计了多项指标，监控地区的知识产权保护工作进展。

（4）运用促进。运用促进模块主要针对地区及区域产业的专利运营情况进行分析。同时，通过区域流向图的方式，展示地区之间技术交易的关系。

（5）服务业态。知识产权领域的繁荣发展离不开其中活跃的各类机构，服务业态模块主要对行业内的服务机构进行分析展示。

（6）管理监控。管理监控模块主要展示内部管理数据，如专利奖历史申报数据、机构贯标情况、知识产权社会满意度指数等。主要依据用户需求进行该模块的定制。

（7）排行榜。排行榜模块通过对创新主体、区域进行申请、授权、有效、运营等维度的排名，辅助管理者快速了解下辖区域的发展水平、优劣势、优势机构等情况。

6.数据可视化大屏

数据可视化大屏指通过中心服务大厅中的电子屏幕展示河北省各区域，从高校、科研院所到企业的创新与知识产权的运用和交易等情况。可视化大屏中的指标以数据监测分析系统为基础，通过更为丰富、直观的图表，面向公众开放。

数据可视化大屏整体指标布局上为屏幕左侧固定展示保护中心"快保护"相关业务动态，如案件受理数量、保护中心概况等；右侧展示河北省知识产权宏观数据指标。

7.后台管理

（1）用户管理。用户管理模块提供新建、删除、修改用户的功能。存储于该模块的用户有权限使用"数据管理""报表导出"两个模块的功能。用户角色及角色描述如表5-2所示。

表5-2　用户角色描述

用户角色	角色描述
管理员	系统内置账号，数量1个。有权限新建、编辑、删除用户；上传数据；导出报表
普通用户	管理员创建的用户。有权限上传数据；导出报表

（2）智能报告。

报表导出：上述分析模块中所展示的内容均可数据导出为 Excel 文件到本地，管理人员可以依据数据情况进行二次分析利用。

智能分析报告：可针对不同管理需求，以定制分析报告模板、自动填充统计数据的方式完成分析报告，能够极大提升管理部门制作统计分析报告的效率。导出并下载报告后，主管只需要按照分析结果，补充判断性文字即可。

（3）数据管理。数据管理的导入功能支持用户直接导入 Excel 或 CSV 格式的文件，操作简便，无学习门槛，导入后即可执行统计分析。

（五）安全系统建设方案

1. 安全风险隐患

从需求分析可知，河北省知识产权保护中心信息管理系统面向互联网用户提供服务，潜在的 SQL 注入、跨站脚本等应用层的攻击以及越来越多的黑客、病毒、不法机构和人员都有可能对河北省知识产权保护中心信息管理系统的正常运行产生威胁，系统随时都可能遭受恶意攻击和环境影响。针对系统服务的特点，常见的安全威胁有如下几点。

（1）利用应用层漏洞的攻击。

①注入漏洞。编程人员由于安全意识不够，经常会使系统本身出现漏洞，特别是 SQL 注入漏洞，这一漏洞主要是利用目标系统程序未对用户输入的字符进行特殊字符过滤或合法性校验，从而可直接执行数据库语句，导致系统存在安全风险。

②直接对象引用隐患。系统的开发商将内部执行对象，如文件、目录、数据库记录或关键字以 URL 链接地址或参数形式暴露给用户，导致敏感信息

泄露。

③跨站点请求伪造漏洞。强制登录受害者的浏览器向目标系统发送预认证请求，然后强制受害者浏览器执行有利于攻击者的行为。

④信息泄漏和不适当的错误处理。攻击者利用各种错误的应用操作，盗取应用程序由于不当的错误处理在无意中泄露的配置信息、内部运作信息以及侵犯隐私的敏感信息，甚至发动更为危险的攻击行为。

⑤无限制 URL 访问隐患。通常，web 应用敏感信息保护模块通过不显示敏感信息的 URL 链接来防止未经授权的用户访问 web 敏感信息，攻击者利用该隐患直接访问敏感信息 URL，获取 web 敏感信息等。

（2）利用主机层漏洞的攻击。

①服务器上的第三方应用软件存在漏洞，存在被黑客利用的可能性。

②数据库账号管理不规范，如使用默认管理账号、弱口令等。

③ web 服务器配置不当，系统本身安全策略设置存在缺陷。

④ web 应用服务权限设置导致系统被入侵。

⑤ web 服务器系统和应用服务的补丁未升级导致系统被入侵。

（3）网络层漏洞的攻击。

①由于缺乏合理的边界隔离、安全审计、入侵检测措施，应用系统及服务器受攻击的风险增加。

②针对网站系统，攻击者利用工具或僵尸计算机对系统发起超量访问，使系统不能对正常用户进行响应，造成拒绝服务攻击。

（4）数据层漏洞。由于硬件损坏、误操作、黑客入侵破坏，系统数据泄露\丢失、被篡改。

（5）安全管理漏洞。系统维护人员操作缺乏规范化，系统开发、运维人员安全意识不强，被攻击者采用社会工程手段进行攻击。

①操作者身份真实性需求。采用用户名口令的方式进行用户的认证容易受到黑客的攻击，从而使用户的数字身份被仿冒。因此，需要采用更可靠、更安全的认证方式对用户的身份进行验证。

②数据的安全性需求。为了确保河北省知识产权保护中心信息管理系统内部重要业务数据的流转，不被他人非法篡改以及恶意伪造，需要采用电子签名技术，对电子公文文件进行数字签名处理，一旦重要业务的数据内容被篡改，用户在验证时系统就会自动提示。

2. 安全系统方案

采购河北省省级政务云安全服务作为河北省知识产权保护中心信息管理

系统的安全运行保障，以河北省省级政务云平台自身的安全体系建设为基础，满足基本的运行安全服务，同时采购河北省省级政务云平台的安全保障服务进行安全增强，以满足本系统的安全建设需求。

本系统部署在省级政务云平台上，分别从物理安全、网络安全、主机安全、虚拟化安全、应用安全、数据安全等6个方面进行安全技术体系规划，将充分依托已有成果和基础，采购河北省省级政务云安全服务和远程接入服务，为业务系统提供安全支撑。

本项目将实现对全省知识产权保护业务的信息化管理；实现全省专利预审、复审无效业务信息化管理；对系统的安全保障提出了更高的要求。

作为面向公众的窗口，本系统为广大申请人提供业务查询服务，为提升河北省知识产权保护中心形象，需确保系统的可靠性和安全性。

形成信息畅通、监测灵敏、数据准确的保护中心管理网络体系，实现管理信息化、业务资料电子化、监测统计自动化、业务办理便民化目标对系统数据完整性和保密性提出了更高要求。

3. 等级保护要求

根据国家知识产权局等级保护二级要求及信息系统安全等级保护基本要求，河北省知识产权保护中心信息管理系统信息安全建设包括技术和管理两个方面，本项目重点关注技术方面的需求分析和建设。

技术需求主要分为物理安全、网络安全、主机安全、应用安全、数据安全以及安全管理六大方面。

（1）物理安全需求。系统物理安全在机房建设过程中统一考虑，在安全方案中不进行重复设计。

（2）网络安全需求。

①合理划分安全域。根据河北省知识产权保护中心信息管理系统规划，综合考虑安全需求、方便管理等因素，对河北省知识产权保护中心网络进行合理的安全域划分，通过防火墙（或UTM）划分不同安全域，实现网络边界和安全域之间的逻辑隔离和访问控制。

②冗余设计。为解决单一链路所带来的网络单点故障和脆弱性，以及国内存在的跨运营商的问题，对互联网接入链路和设备进行冗余处理，并部署链路负载均衡设备，解决多链路网络流量分担的问题，充分提高多链路的带宽利用率，提升网络链路的可靠性，保障链路和服务的高可用性。

③边界防护。为了保障河北省知识产权保护中心信息管理系统的边界防护安全，需要在网络边界处部署防火墙（或UTM）来满足系统的安全防护需

求，同时，应在合理划分安全域的基础上实现有效的边界防护和访问控制。

④网络恶意代码防范。为了实现全面防范计算机病毒传播、阻断蠕虫攻击、拦截垃圾邮件、控制网络非法访问、对恶意代码进行检测和清除，需要构建网络、主机、终端的防病毒体系。

⑤入侵检测。要能及时、准确地发现违反安全策略的事件，需针对网络中的流量进行有效检测，需要在政务外网服务域中部署一套网络入侵检测系统，对河北省知识产权保护中心信息管理系统的缓冲区溢出、SQL 注入、暴力猜测、扫描探测、蠕虫病毒、木马后门等各类黑客攻击和恶意流量进行实时检测及报警，并记录入侵行为。

⑥安全审计。为了实现对河北省知识产权保护中心信息管理系统的内外部网络行为监管、满足内部控制及外部政策等合规性要求，需要在政务外网服务域中部署网络审计系统，实现对网络数据流进行采集、分析和识别，记录网络事件，发现安全隐患，并对网络活动的相关信息进行分析、存储和审计。

⑦上网行为管控。为加强对河北省知识产权保护中心内部用户互联网访问行为的合理管控，避免因内部用户上网占用正常的河北省知识产权保护中心信息管理系统访问流量，需在互联网边界处部署上网行为管理系统，通过策略配置，实现对内部用户互联网访问行为的有效控制。

（3）主机安全需求。

①主机防病毒。需要在河北省知识产权保护中心信息管理系统服务器上安装防病毒软件，主机防病毒产品需具有与网络防恶意代码产品不同的恶意代码库。

②主机审计。需要开启服务器的审计服务，部署数据库审计系统实现对数据库的审计。

（4）应用安全需求。

① web 应用防护。随着 web 应用技术的深入及普及，web 应用程序漏洞发掘和攻击速度越来越快，基于 web 漏洞的攻击更容易被利用，而传统防火墙不能有效地提供针对 web 应用攻击的完善的防御能力，必须有针对性地对其进行有效检测、防护，因此需要加强河北省知识产权保护中心信息管理系统的 web 安全防护能力，能够对 web 系统主流的应用层攻击进行防护。

②应用负载均衡。由于河北省知识产权保护中心信息管理系统覆盖全省所有接入单位和各级学校，用户数量庞大，对系统可用性要求较高，为了保障系统的高可用性，减轻单服务器性能瓶颈，避免单服务器可能出现的宕机，需要部署应用负载均衡系统，实现客户端同时访问多台同时工作的服务器，实现

动态分配每一个应用请求到后台的服务器，并即时按需动态检查各个服务器的状态，根据预设的规则将请求分配给最有效率的服务器。实现数据流合理分配能够使每台服务器的处理能力都能得到充分的发挥，扩展应用系统的整体处理能力，提高应用系统的整体性能，改善应用系统的可用性，降低 IT 投资。

③双因素认证。为了满足等级保护二级系统双因素认证要求，加强互联网用户访问应用系统的身份认证控制，需在互联网域安装数字证书和统一认证系统，使互联网用户访问系统时需进行身份认证和签名验证。

（5）数据安全需求。为了解决用户基于互联网访问河北省知识产权保护中心信息管理系统的安全性问题和河北省知识产权保护中心与国家知识产权局之间系统互联的安全性问题，部署 VPN，实现敏感数据的加密传输。

（6）安全管理需求。需要建立完善的信息安全管理体系与技术体系相互支撑、相互补充。通过完善的安全管理体系和制度，约束信息系统管理人员和操作人员日常操作规程。

4. 政务云平台安全防护手段

政务云平台可部署 USG9520/9560/6650/6550 提供访问控制、入侵防护等传统防火墙安全功能，FireHunter6300 防御 APT 攻击，WAF5230 有效防御应用层攻击，AntiDDoS8030 防护 DDoS 攻击，SVN5880 安全接入网关，UMA 进行运维审计。

5. 系统云安全保障服务设计

由于本次系统需要部署在河北省省级政务云平台上，为达到公安部等级保护相关级别的技术和管理要求，除采购省级政务云平台相关安全服务内容外，还需完成防病毒软件服务、重要时期安全漏洞扫描、安全加固、网页防篡改和 SSLVPN① 服务等内容，具体如下。

（1）防病毒软件。本系统建在河北省省级政务云的云主机中，需要采用云环境的专业防病毒软件，实现与云服务商所使用的云平台对接，在不消耗虚拟机资源的情况下，对虚拟化环境进行有效的病毒防护和查杀。

（2）重要时期安全漏洞扫描。在春节、全国两会、五一、国庆、党代会等重要时期进行保障性安全扫描。每次安全扫描后提供报告，如果有中高危漏洞，通知整改。

（3）操作系统安全加固。结合渗透测试、漏洞扫描等服务的检测结果和

---

①SSLVPN：基于安全套接字层协议（security socket layer, SSL）建立远程安全访问通道的虚拟专用网络（virtual private network, VPN）

结论，根据安全基线要求，及时消除系统中存在的技术性安全问题，降低恶意攻击者利用安全漏洞威胁系统安全运行的概率，从而有效控制各种潜在安全威胁可能引发的业务中断及信息外泄等风险，将高风险漏洞和中风险漏洞降低至可接受的范围内，使整个网络、应用系统的安全状况提升到一个较高的水平。安全加固涉及对操作系统进行加固，并包含政务云平台网络结构优化调整、云主机系统设备脆弱性加固、加固效果跟踪评价等内容。

（4）网页防篡改。在两台 web 服务器中部署网页防篡改软件，可发现正在进行的网页篡改攻击、越权获取信息企图或者已经成功的网页篡改攻击，并将检测到的攻击行为进行阻断，确保网站不能被篡改或在篡改后能够及时恢复，确保用户访问不到篡改后的网页，确保攻击者无法越权获取网页信息。

（5）SSLVPN 服务。提供多重身份认证、终端准入、数据传输加密、严格权限管控机制。

6. 其他安全服务

信息安全服务是指通过统一建设安全可控的信息安全基础设施，综合运用安全技术手段，制定全方位安全保障制度和标准，为河北省行政事业单位基于云平台开展业务应用提供安全保障的服务。省级政务云平台的规划、设计、建设和运行维护全过程应严格落实等级保护、密码管理等信息安全管理的要求。

信息安全服务设计了关键参数和指标，确保采用自主可靠软件硬件产品，构建本系统的基础运行环境，提升安全能力；设计了统一的身份认证、访问授权、责任认定等安全管理措施，以增强省级政务云平台安全防护能力；充分考虑了云计算技术应用带来的信息安全风险，针对可能出现的数据丢失与泄露、共享技术漏洞、不安全的应用程序接口等问题，设计了相应的安全保护措施，明确了相应的信息安全责任。

四、建设成效

系统围绕河北省节能环保、高端装备制造产业，建成河北省知识产权保护中心并实现有效运营，形成以快速审查与确权、快速维权服务为核心，专利导航与运营、科技咨询服务为补充的工作职能；统筹推进与市场监管局、广播电视局、海关、法院、仲裁等相关部门的执法协作与司法衔接，构建多级联动、服务健全、活力充沛的知识产权保护体系，在支撑河北省创新驱动发展战略、打造公平公正的市场环境、助推产业转型升级等方面发挥重大作用。

建成后的保护中心的业务模块包括专利快速审查与确权工作、专利快速维权工作、知识产权保护协作以及专利导航和运营工作。其中，要求发明专利预审服务自申请主体提交申请后 1.5 个月内完成，实用新型专利预审服务在 15 日内完成，外观设计专利预审服务 5 日内完成；对企业提交的专利复审或无效请求提供预审服务，自申请主体提交申请后 2 个月内完成复审预审，1 个月内完成无效预审，需要有专门的业务系统来开展专利预审服务。审理庭应实现多媒体化，从而可以对案件审理过程中的声音、图像以及证据等信息资源进行实时记录和存储管理，并通过网络来实时观看庭审直播或庭审后点播回放开庭录像，这有助于更好地监督和分析案件的审理情况，从而保证行政执法的公平、公正和公开。

通过开展快速审查、快速确权、快速维权等业务工作，大大缩短专利审批时间和周期，发明专利授权周期由原来的平均周期 22 个月降为 3 个月到 6 个月，外观专利授权周期由过去的 3 个月到半年缩短到 1 个月内，复审请求和无效宣告请求的审批时间也大大缩短，极大地方便社会公众办理专利事务，提高工作效率，增加专利数量，提高企业开展发明创造的积极性和主动性。

第三节　河北省知识产权信息公共服务平台

一、项目概述

（一）背景

河北省知识产权信息公共服务平台担负着全省专利、商标、地理标志、战略新兴产业数据、服务机构、政策法规的查询、展示以及在线知识产权课程的学习功能等。目前运行的系统建设时期较早、技术架构落后、运行速度慢、部分功能已无响应。故根据知识产权工作发展的需要，建设河北省知识产权信息共享服务平台，实现平台的全新改版升级，在页面上更加大气、符合现代审美，在功能上更加贴合实际，在内容上更加丰富多样，同时实现与现有的河北省市场监督管理局的对接。

（二）项目建设原则

1.先进理念信息分析

系统吸收并借鉴了国内外成熟的分析理论和研究，从专利战略的多个视角透视专利技术，通过对大量专利文献数据的统计分析处理，形成各种直观、形象的数据图表，提供清晰、高效的信息情报。

2. 合理设计系统功能

拥有系统完全的知识产权并掌握全部源代码，能够根据用户的使用意见和建议对系统不断进行升级。

3. 良好稳定的系统结构

系统具有良好的开放和可扩展的体系结构，支持各种主流操作系统和硬件环境，既能保证事务处理的一致性，又能保证检索和分析的效率。

4. 兼容多种数据格式

系统可以从国内外相关专利网站批量下载数据，并导入数据库内进行专利分析，也可导入由知识产权出版社为用户提供的七国两组织的专利数据。

5. 便捷信息检索浏览

系统具有强大的逻辑检索功能并采用统一中文检索界面，支持中英文混合检索，提供了更多的专业化服务，使对专利文献的检索变得随心所欲；同时，系统提供的本地链接浏览和互联网链接浏览专利说明书全文功能，可以更深层次地挖掘专利技术信息。

6. 易学易用界面设计

人性化的界面设计使用户易学易用，操作简单方便。

（三）系统架构

满足平台标准和规范的前提下，依据河北省知识产权信息公共服务平台功能及管理需要，通过一系列应用服务为用户应用提供业务服务。系统由基础设施层、数据层、支撑层、应用层及用户层五个层次及安全保障体系和标准规范体系两大保障体系构成。

1. 基础设施层

基础设施层为系统提供相关设备及网络支撑，包括机房、服务器、存储设备、网络设备、安全设备、网络等软硬件，构成了平台的运行环境，保障平台的正常运行。

2. 数据层

数据层包括不同渠道采集来的数据，包括专利数据、战略新兴产业数据、机构服务数据、地理标志数据、课程数据、案例数据、法规数据、驰名商标数据等。

3.支撑层

支撑层是通过一系列服务组件管理业务数据，同时提供给应用层业务应用支撑，其主要包括统一用户管理、数据认证管理、日志管理、报表管理、数据采集管理、数据接口管理、数据库管理、应用服务器等。

4.应用层

应用层为用户提供相关的功能，如公共服务平台、公共服务管理平台等功能。

5.用户层

用户层面向的用户，如社会公众、企业、知识产权服务机构、系统管理员、管理单位的用户。

6.保障机制体系

安全保障体系：为保障平台建设和平稳运行，按照网络安全管理制度进行安全保障运行。

标准规范体系：按照业务标准规范、技术标准规范、数据标准规范、安全标准规范的要求，进行相关模块开发及后续维护。

二、建设内容

（一）河北省知识产权信息公共服务平台

河北省知识产权公共服务平台（图5-3）建设内容包括专利检索、机构服务、地理标志、中小微企业知识产权服务、战略性新兴产业专利专题库、远程课程、知识产权信息、河北省知识产权试点示范认定管理平台、全站检索。

图5-3　河北省知识产权公共服务平台首页

1.专利检索

在首页点击"专利检索"模块，打开"专利检索及分析"平台，根据实际需要，可以进行专利检索及分析等操作，这里不进行赘述。

2.机构服务

在首页点击"机构服务"模块，打开"机构服务"页面，机构服务模块包含知识产权服务品牌机构、技术与创新支持中心（TISC）、高校国家知识产权信息服务中心、省级知识产权培训基地、知识产权远程教育分站等五部分。

在"机构服务"页面，点击左侧菜单【专利代理机构】，打开对应页面，分为专利代理机构和专利代理分支机构两类，可以切换查看对应的信息，以列表形式展示机构名称、分类、机构地址、联系电话等信息。

有搜索条件：机构名称。在搜索框中输入相应的内容，点击【搜索】按钮，下方列表展示符合条件的信息。点击【重置】按钮，清空搜索框，列表中展示所有信息。

（1）知识产权服务品牌机构。在"机构服务"页面，点击左侧菜单【知识产权服务品牌机构】，打开对应页面，分为全国知识产权服务品牌机构、全国知识产权服务品牌培育机构、省级知识产权服务品牌机构、省级知识产权服务品牌培育机构四类，可以切换查看对应的信息，以列表形式展示机构名称、分类、机构地址等信息。

有搜索条件：机构名称。在搜索框中输入相应的内容，点击【搜索】按钮，下方列表展示符合条件的信息。点击【重置】按钮，清空搜索框，列表中展示所有信息。

（2）技术与创新支持中心（TISC）。在"机构服务"页面，点击左侧菜单【技术与创新支持中心（TISC）】，打开对应页面，以列表形式展示机构名称、分类等信息。

有搜索条件：机构名称。在搜索框中输入相应的内容，点击【搜索】按钮，下方列表展示符合条件的信息。点击【重置】按钮，清空搜索框，列表中展示所有信息。

（3）高校国家知识产权信息服务中心。在"机构服务"页面，点击左侧菜单【高校国家知识产权信息服务中心】，打开对应页面，以列表形式展示机构名称、分类等信息。

有搜索条件：机构名称。在搜索框中输入相应的内容，点击【搜索】按钮，下方列表展示符合条件的信息。点击【重置】按钮，清空搜索框，列表中展示所有信息。

（4）省级知识产权培训基地。在"机构服务"页面，点击左侧菜单【省级知识产权培训基地】，打开对应页面，以列表形式展示机构名称、分类等信息。

有搜索条件：机构名称。在搜索框中输入相应的内容，点击【搜索】按钮，下方列表展示符合条件的信息。点击【重置】按钮，清空搜索框，列表中展示所有信息。

（5）知识产权远程教育分站。在"机构服务"页面，点击左侧菜单【知识产权远程教育分站】，打开对应页面，以列表形式展示分站名称、分站网址、分类等信息。

有搜索条件：分站名称。在搜索框中输入相应的内容，点击【搜索】按钮，下方列表展示符合条件的信息。点击【重置】按钮，清空搜索框，列表中展示所有信息。

3. 地理标志

在首页点击"地理标志"模块，打开"地理标志"页面，地理标志模块包含地理标志商标和地理标志产品两部分。

（1）地理标志商标。在"地理标志"页面，点击左侧菜单【地理标志商标】，打开对应页面，以列表形式展示注册号/申请号、商标名称、国际分类、注册人中文名称、注册公告期号、注册公告日期等信息。

有搜索条件：地理标志商标名称、注册号。可单个条件进行搜索，也可多个条件组合搜索。在各搜索框中输入相应的内容，点击【搜索】按钮，下方列表展示符合条件的信息。点击【重置】按钮，清空各搜索框，列表中展示所有信息。

（2）地理标志产品。在"地理标志"页面，点击左侧菜单【地理标志产品】，打开对应页面，以列表形式展示产品名称、产品类别、年份、申请机构、批准公告号、批准公告日、标准号、标准名称、产地范围等信息。

有搜索条件：产品名称、产品类别。可单个条件进行搜索，也可多个条件组合搜索。在各搜索框中输入或选择相应的内容，点击【搜索】按钮，下方列表展示符合条件的信息。点击【重置】按钮，清空各搜索框，列表中展示所有信息。

4. 中小微企业知识产权服务

在首页点击"中小微企业知识产权服务"模块，打开"中小微企业知识产权服务"页面，中小微企业知识产权服务模块包含专利、商标、地理标志和诉讼专利专题库四部分。

（1）专利。在"中小微企业知识产权服务"页面，点击左侧菜单【专利】，打开对应页面，页面展示专利相关的文章。点击文章标题，打开文章详情页面。

（2）商标。在"中小微企业知识产权服务"页面，点击左侧菜单【商标】，打开对应页面，页面展示商标相关的文章。点击文章标题，打开文章详情页面。

（3）地理标志。在"中小微企业知识产权服务"页面，点击左侧菜单【地理标志】，打开对应页面，页面展示商标相关的文章。点击文章标题，打开文章详情页面。

（4）诉讼专利专题库。在"中小微企业知识产权服务"页面，点击左侧菜单【诉讼专利专题库】，打开对应页面，以列表形式展示申请号、专利名称、申请日、公开（公告）号、公开（公告）日、申请（专利权）人、发明人、代理机构等信息。

有搜索条件：国省、专利类型、分类、专利名称、申请号、申请日、公开（公告）号、公开（公告）日、法律状态、当前专利权人、申请专利权人、主IPC/LOC、代理机构和代理师等。可单个条件进行搜索，也可多个条件组合搜索。在各搜索框中输入或选择相应的内容，点击【搜索】按钮，下方列表展示符合条件的信息。点击【重置】按钮，清空各搜索框，列表中展示所有信息。

5. 战略性新兴产业专利专题库

在首页点击"战略性新兴产业专利专题库"模块，打开"战略性新兴产业专利专题库"页面，战略性新兴产业专利专题库模块包含生物医药健康产业、新材料产业和高端装备制造产业三部分。

（1）生物医药健康产业。在"战略性新兴产业专利专题库"页面，点击【生物医药健康产业】，打开对应页面，在左侧库中选择信息后，右侧以列表形式展示申请号、专利名称、申请日、公开（公告）号、公开（公告）日、申请（专利权）人、发明人、代理机构、法律状态、当前专利权人、主IPC/LOC等信息。

在搜索条件处点击【显示全部】，展示所有搜索条件：专利名称、申请号、申请日、公开（公告）号、公开（公告）日、法律状态、当前专利权人、申请专利权人、主IPC/LOC、代理机构等。点击【收起】，收起搜索条件。可单个条件进行搜索，也可多个条件组合搜索。在各搜索框中输入或选择相应的内容，点击【搜索】按钮，下方列表展示符合条件的信息。点击【重置】按钮，清空各搜索框，列表中展示所有信息。

（2）新材料产业。在"战略性新兴产业专利专题库"页面，点击【新材料产业】，打开对应页面，展示列表、搜索、详情等功能同【生物医药健康产业】，这里不再赘述。

（3）高端装备制造产业。在"战略性新兴产业专利专题库"页面，点击【高端装备制造产业】，打开对应页面，展示列表、搜索、详情等功能同【生物医药健康产业】，这里不再赘述。

6. 远程课程

在首页点击"远程课程"模块、打开"远程课程"页面、远程课程模块包含知识产权、法律知识、行政、管理、运营实务、申请确权业务、战略规划、诉讼业务、信息检索与利用、基本认知、知识等部分。

在"远程课程"页面，选择左侧分类，右侧展示对应的视频课程。点击远程课程图片，打开此远程课程的详情页面。

详情页包含课程名称、来源、访问次数、加入时间、课程简介、课程章节列表等信息。

点击章节中的视频名称，可观看视频课程。

7. 知识产权信息

在首页点击"知识产权信息"模块，打开"知识产权信息"页面，知识产权信息模块包含政策法规和知识产权统计信息两部分。

（1）政策法规。在"知识产权信息"页面，点击左侧菜单【政策法规】，打开对应页面，页面展示政策法规相关的文章。点击文章标题，打开文章详情页面。

（2）知识产权统计信息。在"知识产权信息"页面，点击左侧菜单【知识产权统计信息】，打开对应页面，页面展示河北省专利数据月度统计表。点击标题，打开数据详情页面。

8. 河北省知识产权试点示范认定管理平台

在首页点击"河北省知识产权试点示范认定管理平台"模块，打开"河北省知识产权试点示范认定管理平台"，可以根据实际需要进行相关操作，这里不进行赘述。

9. 全站检索

进入任意模块后，右上角是全站检索功能，在搜索框中输入相应的内容，点击搜索图标，整个系统中符合条件的信息均会展示在下方列表中，在搜索结果中，点击【查看】按钮，可打开此信息的详情页面。

（二）河北省知识产权信息公共服务管理平台

在浏览器中输入系统的后台访问地址，跳转至后台登录页面，在登录页面输入用户名、密码和验证码，点击【登录】按钮，可成功登录后台管理系统。

首页展示了机构服务、地理标志、战略性新兴产业、小微企业知识产权服务平台、远程课程、知识产权信息六个模块及每个模块下的分类统计情况，点击统计信息，跳转到对应的详情页面。

1. 机构服务

（1）专利代理机构。在"机构服务"页面，点击左侧菜单【专利代理机构】，打开对应页面，分为专利代理机构和专利代理分支机构两类，可以切换管理对应的信息，以列表形式展示机构名称、分类、机构地址、联系电话、操作列等信息。

①查询机构。有查询条件：机构名称。在查询框中输入相应的内容，点击【查询】按钮，下方列表展示符合条件的信息。点击【重置】按钮，清空查询框，列表中展示所有信息。

②添加机构。点击【添加机构】，弹出添加窗口，填写对应信息后，点击【保存】，成功添加机构；点击【取消】，放弃添加操作。

③导入机构。点击【导入机构】，弹出批量导入窗口，点击【模板下载】，弹出下载窗口，模板下载到本地后，将需要导入的信息填写到模板文件中。选择导入模板文件，成功将信息导入本系统中。

④编辑机构。在操作列，点击某条信息对应的【编辑】，弹出编辑窗口，编辑各项信息后，点击【保存】，成功编辑信息；点击【取消】，放弃编辑操作。

⑤删除机构。删除单条：在操作列，点击某条信息对应的【删除】；删除多条：勾选多条信息，点击【删除机构】，弹出提示窗口。点击【确定】，成功删除信息；点击【取消】，放弃删除操作。

（2）国家级和省级服务品牌机构。在"机构服务"页面，点击左侧菜单【国家级和省级服务品牌机构】，打开对应页面，分为国家级知识产权服务品牌机构、国家级知识产权服务品牌培育机构、省级知识产权服务品牌机构、省级知识产权服务品牌培育机构四类，可以切换管理对应的信息，以列表形式展示机构名称、分类、机构地址、联系电话、操作列等信息。

①查询机构。有查询条件：机构名称。在查询框中输入相应的内容，点

击【查询】按钮，下方列表展示符合条件的信息。点击【重置】按钮，清空查询框，列表中展示所有信息。

②添加机构。点击【添加机构】，弹出添加窗口，填写对应信息后，点击【保存】，成功添加机构；点击【取消】，放弃添加操作。

③导入机构。点击【导入机构】，弹出批量导入窗口，点击【模板下载】，弹出下载窗口，模板下载到本地后，将需要导入的信息填写到模板文件中。选择导入模板文件，成功将信息导入本系统中。

④编辑机构。在操作列，点击某条信息对应的【编辑】，弹出编辑窗口，编辑各项信息后，点击【保存】，成功编辑信息；点击【取消】，放弃编辑操作。

⑤删除机构。删除单条：在操作列，点击某条信息对应的【删除】；删除多条：勾选多条信息，点击【删除机构】，弹出提示窗口。点击【确定】，成功删除信息；点击【取消】，放弃删除操作。

（3）TISC 机构。在"机构服务"页面，点击左侧菜单【TISC 机构】，打开对应页面，以列表形式展示机构名称、分类、联系电话、分类等信息。

①查询机构。有查询条件：机构名称。在查询框中输入相应的内容，点击【查询】按钮，下方列表展示符合条件的信息。点击【重置】按钮，清空查询框，列表中展示所有信息。

②添加机构。点击【添加机构】，弹出添加窗口，填写对应信息后，点击【保存】，成功添加机构；点击【取消】，放弃添加操作。

③导入机构。点击【导入机构】，弹出批量导入窗口，点击【模板下载】，弹出下载窗口，模板下载到本地后，将需要导入的信息填写到模板文件中。选择导入模板文件，成功将信息导入本系统中。

④编辑机构。在操作列，点击某条信息对应的【编辑】，弹出编辑窗口，编辑各项信息后，点击【保存】，成功编辑信息；点击【取消】，放弃编辑操作。

⑤删除机构。删除单条：在操作列，点击某条信息对应的【删除】；删除多条：勾选多条信息，点击【删除机构】，弹出提示窗口。点击【确定】，成功删除信息；点击【取消】，放弃删除操作。

（4）高校国家知识产权信息服务中心。在"机构服务"页面，点击左侧菜单【高校国家知识产权信息服务中心】，打开对应页面，以列表形式展示机构名称、分类、联系电话、操作列等信息。

①查询机构。有查询条件：机构名称。在查询框中输入相应的内容，点

击【查询】按钮，下方列表展示符合条件的信息。点击【重置】按钮，清空查询框，列表中展示所有信息。

②添加机构。点击【添加机构】，弹出添加窗口，填写对应信息后，点击【保存】，成功添加机构；点击【取消】，放弃添加操作。

③导入机构。点击【导入机构】，弹出批量导入窗口，点击【模板下载】，弹出下载窗口，模板下载到本地后，将需要导入的信息填写到模板文件中。选择导入模板文件，成功将信息导入本系统中。

④编辑机构。在操作列，点击某条信息对应的【编辑】，弹出编辑窗口，编辑各项信息后，点击【保存】，成功编辑信息；点击【取消】，放弃编辑操作。

⑤删除机构。删除单条：在操作列，点击某条信息对应的【删除】；删除多条：勾选多条信息，点击【删除机构】，弹出提示窗口。点击【确定】，成功删除信息；点击【取消】，放弃删除操作。

（5）省级知识产权培训基地。在"机构服务"页面，点击左侧菜单【省级知识产权培训基地】，打开对应页面，以列表形式展示机构名称、分类、联系电话、操作列等信息。

①查询机构。有查询条件：机构名称。在查询框中输入相应的内容，点击【查询】按钮，下方列表展示符合条件的信息。点击【重置】按钮，清空查询框，列表中展示所有信息。

②添加机构。点击【添加机构】，弹出添加窗口，填写对应信息后，点击【保存】，成功添加机构；点击【取消】，放弃添加操作。

③导入机构。点击【导入机构】，弹出批量导入窗口，点击【模板下载】，弹出下载窗口，模板下载到本地后，将需要导入的信息填写到模板文件中。选择导入模板文件，成功将信息导入本系统中。

④编辑机构。在操作列，点击某条信息对应的【编辑】，弹出编辑窗口，编辑各项信息后，点击【保存】，成功编辑信息；点击【取消】，放弃编辑操作。

⑤删除机构。删除单条：在操作列，点击某条信息对应的【删除】；删除多条：勾选多条信息，点击【删除机构】，弹出提示窗口。点击【确定】，成功删除信息；点击【取消】，放弃删除操作。

（6）知识产权远程教育分站名录。在"机构服务"页面，点击左侧菜单【知识产权远程教育分站名录】，打开对应页面，以列表形式展示分站名称、分站网址、分类、联系电话、操作列等信息。

①查询机构。有查询条件：机构名称。在查询框中输入相应的内容，点击【查询】按钮，下方列表展示符合条件的信息。点击【重置】按钮，清空查询框，列表中展示所有信息。

②添加机构。点击【添加机构】，弹出添加窗口，填写对应信息后，点击【保存】，成功添加机构；点击【取消】，放弃添加操作。

③导入机构。点击【导入机构】，弹出批量导入窗口，点击【模板下载】，弹出下载窗口，模板下载到本地后，将需要导入的信息填写到模板文件中。选择导入模板文件，成功将信息导入本系统中。

④编辑机构。在操作列，点击某条信息对应的【编辑】，弹出编辑窗口，编辑各项信息后，点击【保存】，成功编辑信息；点击【取消】，放弃编辑操作。

⑤删除机构。删除单条：在操作列，点击某条信息对应的【删除】；删除多条：勾选多条信息，点击【删除机构】，弹出提示窗口。点击【确定】，成功删除信息；点击【取消】，放弃删除操作。

2. 地理标志

（1）地理标志产品。在"地理标志"页面、点击左侧菜单【地理标志产品】、打开对应页面、以列表形式展示产品名称、产品类别、年份、省份、申请机构、初审机构、受理机构、国家、市、区县、批准公告号、批准公告日、受理公告号、受理公告日、标准号、标准名称、标准类型、核准企业数量、产地范围、操作列等信息。

①查询。有查询条件：产品名称、产品类别、市。可单个条件进行查询，也可多个条件组合查询。在各查询框中输入相应的内容，点击【查询】按钮，下方列表展示符合条件的信息。点击【重置】按钮，清空各查询框，列表中展示所有信息。

②添加。点击【添加】，打开添加页面，填写对应信息后，点击【保存】，成功添加信息；点击【返回】，放弃添加操作。

③导入。点击【导入】，弹出批量导入窗口，点击【模板下载】，弹出下载窗口，模板下载到本地后，将需要导入的信息填写到模板文件中。选择导入模板文件，成功将信息导入本系统中。

④编辑。在操作列，点击某条信息对应的【编辑】，打开编辑页面，编辑各项信息后，点击【保存】，成功编辑信息；点击【返回】，放弃编辑操作。

⑤删除。删除单条：在操作列，点击某条信息对应的【删除】；删除多条：勾选多条信息，点击【删除】，弹出提示窗口。点击【确定】，成功删除信息；

点击【取消】，放弃删除操作。

（2）地理标志商标。在"地理标志"页面，点击左侧菜单【地理标志商标】，打开对应页面，以列表形式展示注册号、国际分类、申请日期、商标名称、商标类型、注册人中文名称、注册人中文地址、注册人外文名称、注册人外文地址、代理机构编码、代理机构名称、初审公告期号、初审公告日期、注册公告期号、注册公告日期、专用期开始日期、专用期结束日期、专用期有效期、商标说明、商标颜色说明、放弃专用权说明、是否立体商标、是否共有申请、商标形态、颜色标志、是否驰名商标、操作列等信息。

①查询。有查询条件：商标名称、注册号。可单个条件进行查询，也可多个条件组合查询。在各查询框中输入相应的内容，点击【查询】按钮，下方列表展示符合条件的信息。点击【重置】按钮，清空各查询框，列表中展示所有信息。

②添加。点击【添加】，打开添加页面，填写对应信息后，点击【保存】，成功添加信息；点击【返回】，放弃添加操作。

③导入。点击【导入】，弹出批量导入窗口，点击【模板下载】，弹出下载窗口，模板下载到本地后，将需要导入的信息填写到模板文件中。选择导入模板文件，成功将信息导入本系统中。

④编辑。在操作列，点击某条信息对应的【编辑】，打开编辑页面，编辑各项信息后，点击【保存】，成功编辑信息；点击【返回】，放弃编辑操作。

⑤删除。删除单条：在操作列，点击某条信息对应的【删除】；删除多条：勾选多条信息，点击【删除】，弹出提示窗口。点击【确定】，成功删除信息；点击【取消】，放弃删除操作。

（3）地理标志专用标志使用人。在"地理标志"页面，点击左侧菜单【地理标志专用标志使用人】，打开对应页面，分为地理标志产品专用标志使用企业数据和集体商标、证明商标（地理标志）使用企业数据两类，可以切换管理对应的信息，以列表形式展示企业名称、产品名称、年份、省份、初审机构、企业地址、法人代表、统一社会信用代码、核准公告号、核准公告日、备注、操作列等信息。

①查询。有查询条件：企业名称、产品名称。可单个条件进行查询，也可多个条件组合查询。在各查询框中输入相应的内容，点击【查询】按钮，下方列表展示符合条件的信息。点击【重置】按钮，清空各查询框，列表中展示所有信息。

②添加。点击【添加】，弹出添加窗口，填写对应信息后，点击【保存】，

成功添加信息；点击【取消】，放弃添加操作。

③导入。点击【导入】，弹出批量导入窗口，点击【模板下载】，弹出下载窗口，模板下载到本地后，将需要导入的信息填写到模板文件中。选择导入模板文件，成功将信息导入本系统中。

④编辑。在操作列，点击某条信息对应的【编辑】，弹出编辑窗口，编辑各项信息后，点击【保存】，成功编辑信息；点击【取消】，放弃编辑操作。

⑤删除。删除单条：在操作列，点击某条信息对应的【删除】；删除多条：勾选多条信息，点击【删除】，弹出提示窗口。点击【确定】，成功删除信息；点击【取消】，放弃删除操作。

3.战略性新兴产业

（1）诉讼专利数据库。在"战略性新兴产业"页面，点击左侧菜单【诉讼专利数据库】，在数据库中选择某一类别，右侧列表展示对应信息，以列表形式展示申请号、专利名称、申请日、公开（公告）号、公开（公告）日、申请（专利权）人、代理机构、省、法律状态、是否显示、操作列等信息。

①查询。有查询条件：专利名称、申请号、申请日、公开（公告）号、公开（公告）日、法律状态、当前专利权人、申请专利权人、发明设计人、主IPC/LOC、代理机构、代理师、省等。可单个条件进行查询，也可多个条件组合查询。在各查询框中输入相应的内容，点击【查询】按钮，下方列表展示符合条件的信息。点击【重置】按钮，清空各查询框，列表中展示所有信息。

②查看。在操作列，点击某条信息对应的【查看】，打开详情页面，在详情页面点击【编辑】，也可以编辑信息。

③编辑。在操作列，点击某条信息对应的【编辑】，打开编辑页面，编辑各项信息后，点击【保存】，成功编辑信息；点击【取消】，放弃编辑操作。

④删除。删除单条：在操作列，点击某条信息对应的【删除】；删除多条：勾选多条信息，点击【删除】，弹出提示窗口。点击【确定】，成功删除信息；点击【取消】，放弃删除操作。

⑤批量显示。勾选多条信息，点击【批量显示】，弹出提示窗口，点击【确定】，所勾选的信息会在前端显示；点击【取消】，放弃批量显示操作。

⑥批量隐藏。勾选多条信息，点击【批量隐藏】，弹出提示窗口，点击【确定】，所勾选的信息不在前端显示；点击【取消】，放弃批量隐藏操作。

⑦显示设置。点击【显示设置】，弹出显示设置窗口，勾选后，点击【保存】，勾选的信息会在前端详情页中展示，未勾选的信息则不会在前端详情页中展示；点击【取消】，放弃设置操作。

（2）生物医药健康产业重要专利集。在"战略性新兴产业"页面，点击【生物医药健康产业重要专利集】，在数据库中选择某一类别，右侧列表展示对应信息，操作说明同【诉讼专利数据库】，这里不再赘述。

（3）新材料产业重要专利集。在"战略性新兴产业"页面，点击【新材料产业重要专利集】，在数据库中选择某一类别，右侧列表展示对应信息，操作说明同【诉讼专利数据库】，这里不再赘述。

（4）高端装备制造产业重要专利集。在"战略性新兴产业"页面，点击【高端装备制造产业重要专利集】，在数据库中选择某一类别，右侧列表展示对应信息，操作说明同【诉讼专利数据库】，这里不再赘述。

4.小微企业知识产权服务平台

（1）栏目管理。

①创建栏目。在"小微企业服务"页面左侧，点击【创建模块】，弹出创建窗口，输入栏目名称后，点击【保存】，成功创建一个栏目；点击【关闭】，放弃创建操作。

②编辑栏目名称。在页面左侧，点击栏目名称后的编辑图标，弹出编辑窗口，编辑栏目名称后，点击【保存】，成功编辑栏目名称；点击【关闭】，放弃编辑操作。

③删除栏目。在页面左侧，点击栏目名称后的删除图标，弹出提示窗口，点击【确定】，成功删除此栏目；点击【取消】，放弃删除操作。

（2）文章管理。

①查询。在页面左侧，点击任一栏目，右侧以列表形式展示文章的标题、作者、来源、访问次数、操作列等信息。有查询条件：标题、作者、来源。可单个条件进行查询，也可多个条件组合查询。在各查询框中输入相应的内容，点击【查询】按钮，下方列表展示符合条件的信息。点击【重置】按钮，清空各查询框，列表中展示所有信息。

②新建文章。在某一栏目下，点击【新建】，打开新建页面，填写对应信息后，点击【保存】，成功新建一篇待审核文章；点击【存草稿】，文章暂存在本地；点击【返回】，放弃新建操作。

③编辑文章。在操作列，点击某条信息对应的【编辑】，打开编辑页面，编辑各项信息后，点击【保存】，成功编辑信息；点击【存草稿】，文章暂存在本地；点击【返回】，放弃编辑操作。

④删除文章。勾选信息，点击【删除】，弹出提示窗口，点击【确定】，成功删除信息；点击【取消】，放弃删除操作。

⑤审核文章。在操作列，点击某条待审核信息对应的【审核】，打开审核页面，点击【审核通过】，文章审核通过后会显示在前端页面；点击【驳回】，文章审核不通过不在前端页面展示。

⑥撤回审核。在操作列，点击某条审核通过信息对应的【撤回审核】，页面上方给出提示，撤回审核的文章状态变成待审核，不在前端页面展示。

5.远程课程

（1）分类管理。

①创建分类。在"远程课程"页面左侧，点击【创建分类】，弹出创建窗口，输入分类名称后，点击【保存】，成功创建一个分类；点击【取消】，放弃创建操作。

②编辑分类名称。在页面左侧，点击分类名称后的编辑图标，弹出编辑窗口，编辑分类名称后，点击【保存】，成功编辑分类名称；点击【取消】，放弃编辑操作。

③删除分类。在页面左侧，点击分类名称后的删除图标，弹出提示窗口，点击【确定】，成功删除此分类；点击【取消】，放弃删除操作。

（2）课程管理。

①查询。在页面左侧，点击任一分类，右侧以列表形式展示课程的名称、发布时间、操作列等信息。有查询条件：名称、发布时间。可单个条件进行查询，也可多个条件组合查询。在各查询框中输入相应的内容，点击【查询】按钮，下方列表展示符合条件的信息。点击【重置】按钮，清空各查询框，列表中展示所有信息。

②添加课程。在某一分类下，点击【添加】，弹出添加窗口，填写对应信息后，点击【保存】，成功添加一个课程；点击【返回】，放弃添加操作。

③编辑课程。在操作列，点击某条信息对应的【编辑】，打开编辑页面，编辑各项信息后，点击【保存】，成功编辑信息；点击【返回】，放弃编辑操作。

④删除课程。删除单条：在操作列，点击某条信息对应的【删除】；删除多条：勾选多条信息，点击【删除】，弹出提示窗口。点击【确定】，成功删除信息；点击【取消】，放弃删除操作。

（3）章节管理。

①新建章节。在操作列，点击某条信息对应的【详情】，打开详情页面，点击【新建章节】，提示新建成功，在最下方新建一个章节。

②删除章节。点击章节后的删除图标，弹出提示窗口，点击【确定】，成功删除信息；点击【取消】，放弃删除操作。

（4）视频管理。

①上传视频。点击某章节对应的【上传视频】，弹出上传视频窗口，填写对应信息后，点击【确定】，成功在此章节下添加一个视频；点击【取消】，放弃上传操作。

②编辑视频。点击某个视频对应的编辑图标，弹出编辑视频窗口，编辑各项信息后，点击【确定】，成功编辑信息；点击【取消】，放弃编辑操作。

③删除视频。点击某个视频对应的删除图标，弹出提示窗口，点击【确定】，成功删除信息；点击【取消】，放弃删除操作。

6.知识产权信息

（1）政策法规。在"知识产权信息"页面，点击左侧菜单【政策法规】，打开对应页面，以列表形式展示标题、作者、来源、访问次数、操作列等信息。

①查询。有查询条件：标题、作者、来源。可单个条件进行查询，也可多个条件组合查询。在各查询框中输入相应的内容，点击【查询】按钮，下方列表展示符合条件的信息。点击【重置】按钮，清空各查询框，列表中展示所有信息。

②新建文章。点击【新建】，打开新建页面，填写对应信息后，点击【保存】，成功新建一篇待审核文章；点击【存草稿】，文章暂存在本地；点击【返回】，放弃新建操作。

③编辑文章。在操作列，点击某条信息对应的【编辑】，打开编辑页面，编辑各项信息后，点击【保存】，成功编辑信息；点击【存草稿】，文章暂存在本地；点击【返回】，放弃编辑操作。

④删除文章。勾选信息，点击【删除】，弹出提示窗口，点击【确定】，成功删除信息；点击【取消】，放弃删除操作。

⑤审核文章。在操作列，点击某条待审核信息对应的【审核】，打开审核页面，点击【审核通过】，文章审核通过后会显示在前端页面；点击【驳回】，文章审核不通过，不在前端页面展示。

⑥撤回审核。在操作列，点击某条审核通过信息对应的【撤回审核】，页面上方给出提示，撤回审核的文章状态变成待审核，不在前端页面展示。

（2）知识产权统计信息。在"知识产权信息"页面，点击左侧菜单【知识产权统计信息】，打开对应页面，以列表形式展示标题、年、月、状态、操作列等信息。

①查询。有查询条件：标题。在查询框中输入相应的内容，点击【查询】

按钮，下方列表展示符合条件的信息。点击【重置】按钮，清空查询框，列表中展示所有信息。

②上传文件。点击【上传文件】，弹出上传文件窗口，填写对应信息后，点击【保存】，成功上传一个待审核文件；点击【关闭】，放弃上传操作。

③编辑文件。在操作列，点击某条信息对应的【编辑】，弹出编辑窗口，编辑各项信息后，点击【保存】，成功编辑信息；点击【关闭】，放弃编辑操作。

④删除文件。勾选信息，点击【删除】，弹出提示窗口，点击【确定】，成功删除信息；点击【取消】，放弃删除操作。

⑤审核文件。在操作列，点击某条待审核信息对应的【审核】，在页面上方给出提示，审核通过后会显示在前端页面。

⑥撤回审核。在操作列，点击某条审核通过信息对应的【撤回审核】，页面上方给出提示，撤回审核的信息状态变成待审核，不在前端页面展示。

（3）驰名商标管理。在"知识产权信息"页面，点击左侧菜单【驰名商标管理】，打开对应页面，以列表形式展示商标、商标注册人、商品／服务、类别、认定日期、操作列等信息。

①查询。有查询条件：申请人区域（省市）、申请人区域（区县）、商品／服务、类别、商标名称、商标注册人、认定日期。在查询框中输入或选择相应的内容，点击【查询】按钮，下方列表展示符合条件的信息。点击【重置】按钮，清空查询框，列表中展示所有信息。

②编辑信息。在操作列，点击某条信息对应的【编辑】，打开编辑页面，编辑各项信息后，点击【保存】，成功编辑信息；点击【返回】，放弃编辑操作。

③删除信息。勾选信息，点击【删除】，弹出提示窗口，点击【确定】，成功删除信息；点击【取消】，放弃删除操作。

④审核信息。在操作列，点击某条待审核信息对应的【审核】，在页面上方给出提示，审核通过后会显示在前端页面。

⑤撤回审核。在操作列，点击某条审核通过信息对应的【撤回审核】，页面上方给出提示，撤回审核的信息状态变成待审核，不在前端页面展示。

7. 系统管理

（1）用户管理。在"系统管理"页面，点击左侧菜单【用户管理】，打开对应页面，以列表形式展示用户名、登录名、联系方式、操作列等信息。

①查询。有查询条件：用户名。在查询框中输入相应的内容，点击【查

询】按钮，下方列表展示符合条件的信息。点击【重置】按钮，清空查询框，列表中展示所有信息。

②新建用户。点击【新建】，打开新建页面，填写对应信息后，点击【保存】，成功新建用户；点击【取消】，放弃新建操作。

③编辑用户。在操作列，点击某条信息对应的【编辑】，打开编辑页面，编辑各项信息后，点击【保存】，成功编辑信息；点击【取消】，放弃编辑操作。

④删除用户。在操作列，点击某条用户信息对应的【删除】，弹出提示窗口，点击【确定】，成功删除信息；点击【取消】，放弃删除操作。

（2）角色管理。在"系统管理"页面，点击左侧菜单【角色管理】，打开对应页面，以列表形式展示角色名称、角色编码、操作列等信息。

①查询。有查询条件：角色名称。在查询框中输入相应的内容，点击【查询】按钮，下方列表展示符合条件的信息。点击【重置】按钮，清空查询框，列表中展示所有信息。

②新建角色。点击【新建】，打开新建页面，填写对应信息后，点击【保存】，成功新建角色；点击【取消】，放弃新建操作。

③编辑角色。在操作列，点击某条信息对应的【编辑】，打开编辑页面，编辑各项信息后，点击【保存】，成功编辑信息；点击【取消】，放弃编辑操作。

④删除角色。在操作列，点击某条角色信息对应的【删除】，弹出提示窗口，点击【确定】，成功删除信息；点击【取消】，放弃删除操作。

（三）河北省知识产权信息数据库

建设河北省知识产权信息数据库8套，包括专利申请数据库、专利授权数据库、有效发明数据库、专利合作条约（PCT）数据库、商标注册数据库、驰名商标数据库、地理标志商标数据库、地理标志产品数据库。

第四节　知识产权统计分析平台

一、背景

（一）项目概述

河北省知识产权数据统计分析系统担负着全省专利、商标和地理标志数据的统计、分析功能。目前，该系统的分析标准与当前全省各市、县（市、区）行政区划已不相匹配，现有系统不能分析商标和地理标志数据，根据知识产权工作发展的需要，迫切需要升级改造新的知识产权数据统计分析系统，以便及时为省政府领导提供决策参考，为各市、省直有关部门和创新创业主体提供知识产权信息服务，有力支撑我省创新驱动发展和经济高质量发展的需求。

（二）用户需求

（1）将原始数据导入系统时能够实现数据清洗、转换、整理功能。从国家局下载的原始数据通过导入系统能够实现数据清洗，筛选出不属于本省的数据，实现数据常用格式的自动转换，并通过地图对专利权人地址具体位置进行校验。

（2）对专利的申请量、授权量、有效量、万人发明专利拥有量、失效量、失效原因、存活期、许可、质押、国民经济行业分类、大中小微企业规模分类（包括绿色产业、战略新兴产业等）、所属市区及月度、季度、年度时间跨度等信息进行多元化组合查询统计。

（3）可以对历年累计数量、当年累计、同比增长、五年计划同比增长、自定义时间段增长以及专利详单、专利量排名详单等进行统计分析。

（4）所有的统计分析内置报表（月报、季报、半年报、年报）、图表、简报模板，都要简单、快捷、操作方便。点击模板，选择时间段，系统就会自动生成对应的报表、图表、简报内容。

（5）所有专利数据统计分析范围需涉及省、市（含定州、辛集、雄安新区）、县（市、区）、高新技术开发区、经济技术开发区。

（6）包含人口数据导入功能，实现年度人口数据情况导入，用于省、市、县（市、区）三级每年度万人发明专利拥有量的计算。

（7）实现 1985 年以来某个时段专利统计数据导入系统的功能，具有分时段累计统计功能。

（8）包含商标和地理标志的分析功能（与专利数据分析相关功能一致）。

（9）系统要预留多个扩展字段，如果需要相关内容修改或增加，可直接利用扩展字段来实现。

（10）系统要提供多种统计分析模板，支持统计分析项目自定义设置。

（11）系统要支持角色分级授权、功能授权、字段授权、数据授权等，以有效保证系统关键信息的安全。

（12）软件开发方能够长期对系统进行维护，可随时修改系统内容。

（三）建设目标

开发产权数据、商标数据、地理标志产品数据的采集、汇总、分析及展现等功能，实现数据统一汇总、统一展现。

二、总体设计

（一）设计原则

1. 先进性

平台应采用成熟、先进的技术，确保技术的先进性和前瞻性，采用先进的软件体系结构和应用平台，建设符合信息技术最新发展潮流的应用基础架构和应用系统，保证投资的有效性和延续性。

2. 实用性

在平台开发时要充分考虑实用性，使平台能够真正为最终用户带来便利，并应充分考虑利用现有软硬件资源。对于平台的界面和操作，要考虑不同用户的实际需要和用户层次，充分考虑使用人员的能力和素质、部门业务的需求情况，做到易学易用、操作简单。

3. 稳定性

平台的建设规划要充分考虑平台投入运行后的稳定性，即作为生产系统，能保证每周 7×24 小时服务；要求具有高的容错及故障恢复能力，即出现意外时能够隔离故障区，保护重要数据，通知管理人员做人工干预，避免灾难性后果发生。

4. 灵活性

平台应能够适应市场监管局业务的发展变化，支持灵活设计、调整业务处理流程和组织结构。

5. 开放性

要求建立应用的标准访问规范，保证迅速实现各种异构平台之间的集成，让复杂业务和数据更容易集成。

6. 可维护性

业务人员可通过系统管理功能和权限管理方便地维护和管理该系统。

7. 可扩展性

平台必须考虑到与已有系统、其他单位系统以及将来待开发系统之间的互联，因此在设计时要分析现有需求并预测未来的增长，满足目前要求的同时，还应保证设计的平台具有良好的二次开发功能，以利于今后的扩展。

8. 安全性

本项目按国家信息安全等级保护三级要求进行建设，需按三级安全等级保护相关标准进行应用及数据层面的安全设计。

（二）设计依据

（1）《国务院办公厅关于印发政府网站发展指引的通知》（国办发〔2017〕47 号）。

（2）《"十三五"国家政务信息化工程建设规划》。

（3）《软件和信息技术服务业"十三五"发展规划》。

（4）《国家中长期科学和技术发展规划纲要（2006—2020 年)》。

（5）GB18030—2005《信息技术　中文编码字符集》。

（6）GB/T　14394—2008《计算机软件可靠性和可维护性管理》。

（7）GB/T　9385—2008《计算机软件需求规格说明规范》。

（8）GB/T　9386—2008《计算机软件测试文件编制规范》。

（9）GB/T　22239—2019《信息安全技术　信息系统安全保护基本要求》。

（10）GB/T　22240—2020《信息安全技术　信息系统安全等级保护定级指南》。

（11）GB/T　20269—2006《信息安全技术　信息系统安全管理要求》。

（12)GB/T　20271—2006《信息安全技术　信息系统安全通用技术要求》。

（13）GB/T　8566—2001《信息技术软件生存期过程》。

（14）GB/T　8567—2006《计算机软件产品开发文件编制指南》。

（15）GB/T　9385—2008《计算机软件需求编制指南》。

（16）GB/T　11457—2006《软件工程术语》。

（17）GB/T 14085—1993《信息处理系统计算机系统配置图符号及约定》。

（18）GB/T 14394—2008《计算机软件可靠性及可维护性管理》。

（19）GB/T 16260.1—2006《信息技术软件产品评价质量特性及其使用指南》。

（20）GB/T 25000.1—2010《信息技术软件包质量要求和测试》。

（三）技术架构

知识产权数据统计分析系统软件模型由知识产权信息数据库、知识产权信息维护管理系统、知识产权信息统计分析系统组成。

其中，知识产权信息数据库实现全省知识产权信息的集中存储；知识产权信息维护管理系统实现专利数据、商标数据、地理标志等相关信息的数据清洗、格式转换和数据入库；知识产权信息统计分析系统访问知识产权信息数据库，实现知识产权信息的综合查询和统计分析。

（四）业务架构

每月国家局数据出来后会将专利数据下发到各省，产权管理处获得专利数据、商标数据、地理标志产品数据后，将数据导入统计分析系统平台；统计分析系统平台在数据导入的同时完成数据的清洗与转换，并标记异常数据进行人工处理；人工处理后完成月报基础数据、月报统计数据的生成与导出；全年数据完成后生成统计年报数据。

（五）关键技术

1. 先进的轻量级多层 Java 开发框架

本方案采用目前业界最流行的轻量级的多层 Java 开发框架集，其中表现层采用当前比较成熟的 MVC 框架 Struts2.0；控制层采用 Action 技术，接收、委派用户的请求；业务逻辑层采用 Spring 框架，完成相应的业务逻辑处理；数据持久化层采用开源的对象关系映射框架 Hibernate，实现数据持久化、关联查询、事务处理等服务器端的操作。这些框架的应用，一方面使开发过程更加高效；另一方面使完成的系统更加稳定，且具有很好的可扩展性和可维护性。

2. 地理信息平台

地理信息系统包含了处理空间或地理信息的各种基础的和高级的功能，其基本功能包括对数据的采集、管理、处理、分析和输出。同时，地理信息系统依托这些基本功能，通过利用空间分析技术、模型分析技术、网络技术和数据库集成技术等，进一步演绎、丰富相关功能，满足了社会和用户的广泛需要。从总体上看，地理信息系统的功能可分为数据采集与编辑、数据处理与存储管理、图形显示、空间查询与分析以及地图制作。

（1）数据采集与编辑。数据采集与编辑是地理信息系统（GIS）的基本功能，主要用于获取数据，保证地理信息系统数据库中的数据在内容与空间上的完整性、数值逻辑一致性与正确性等。

可用于地理信息系统数据采集的方法与技术很多。大多数 GIS 的地理数据来源于纸质地图，常用的方法是数字化扫描，如手扶跟踪数字化仪。随着技术的发展，信息共享与自动化数据输入成为地理信息系统研究的重要内容。自动化扫描输入与遥感数据集成最为人们所关注。随着扫描技术的应用与改进，实现扫描数据的自动化编辑与处理仍是地理信息系统数据获取研究的主要技术关键。交互式地图识别是自动化扫描输入方法的一种较为现实的途径。

遥感数据集成是另外一种新型数据采集方式。遥感数据已经成为 GIS 的重要数据来源，与地图数据不同的是，遥感数据输入到 GIS 较为容易，但如果通过对遥感图像的解释来采集和编译地理信息则是一件较为困难的事情。因此，GIS 中开始大量融入图像处理技术，许多成熟的 GIS 产品中都具有功能齐全的图像处理子系统。

地理数据采集的另一项主要技术进展是全球定位系统（GPS）技术在测绘中的应用。GPS 可以准确、快速地确定人或物在地球表面的位置，因此可以利用 GPS 辅助原始地理信息的采集。

（2）数据处理与存储管理。对数据的存储管理是建立地理信息系统数据库的关键步骤，涉及对空间数据和属性数据的组织。

①数据处理。初步的数据处理主要包括数据格式化、转换和制图综合。数据的格式化是指不同数据结构的数据间变换，是一项耗时、易错、需要大量计算量的工作；数据转换包括数据格式转换、数据比例尺的变换等，数据比例尺的变换涉及数据比例尺缩放、平移、旋转等方面，其中最为重要的是投影变换；制图综合包括数据平滑和特征集结等。

②数据存储管理。GIS 中的数据分为栅格数据（X、Y）和矢量数据（经、纬度）两大类，如何在计算机中有效存储和管理这两类数据是 GIS 的基本问题。栅格模型、矢量模型或栅格／矢量混合模型是常用的空间数据组织方法。空间数据结构的选择在一定程度上决定了系统所能执行的数据与分析功能。在地理数据组织与管理中，最为关键的是如何将空间数据与属性数据融合为

一体。

大多数 GIS 中采用了分层技术，即根据地图的某些特征，把它分成若干层（如道路层、水系层、公共设施层等），整张地图是所有层叠加的结果。在与用户的交互过程中只处理涉及的层，而不是整幅地图，因而能够对用户的要求做出快速反应。

GIS 的主要功能之一是管理大量的专业地图，按专题分类将各部门所需的地图合理地组织为空间数据库。几十乃至上百张图按地图网格拼装为一个图层，而每张图层上包括的对象在取舍上有严格的分类标准。按专业含义由粗到细划分为层次状专题分类，每一图层上的空间对象归属于某一专题类，因此常被称为专题图层。将这些图层与各行业的更为专业的图层相叠置（透明叠放在一起），并进行空间关系分析，就可以得出有用的决策信息。

数据库技术是数据存储和管理的支撑技术。在 GIS 中，数据库具有数据量大、空间数据和属性数据联系紧密，以及空间数据之间具有显著的拓扑结构等特点，因此 GIS 数据库管除了要具备与属性数据有关的数据库管理系统（DBMS）功能，还需要具备对空间数据的管理功能。对空间数据的管理主要包括空间数据库的定义、数据访问和提取、空间检索、数据更新和维护等。

（3）图形显示。GIS 来源于地图，也离不开地图。GIS 的一个基本功能就是能根据用户的要求，通过对数据的提取和分析，以图形的方式表示结果。当 GIS 数据被描绘在地图上时，信息就变得容易理解和解释。GIS 不只是为了有效地存储、管理、查询和操作地理数据，更重要的是以可视化的形式将数据或经过深加工的地理信息呈现在用户面前，方便用户通过图形认识地理空间实体和现象及其相互关系。

地理信息系统为用户提供了许多用于地理数据表现的工具，其形式既可以是计算机屏幕显示，也可以是报告、表格、地图等硬复制图件，尤其要强调的是地理信息系统的地图输出功能。一个好的地理信息系统应能提供一种良好的、交互式的制图环境，以供地理信息系统的使用者设计和制作出高质量的地图。

因为地理比例尺对地理研究的性质具有决定意义，所以需要根据不同的详略程度，允许地图存在多级比例尺数据源。用户对地理环境既需要有宏观上的认识，也需要有观察局部细节微观上的认识。因此，为了能够全面、充分地反映系统所关心区域的空间地理信息，有必要采用多种比例尺共存的方式来满足 GIS 的多层次需求。某一地区在某一比例尺条件下的地理资料，不仅代表了在该种比例尺条件下对该区域地理空间结构的抽象和概括，也代表了在该种比例尺条件下对该区域地理功能的抽象和概括。

多比例尺 GIS 中空间数据的最大特点是对同一地理实体的数据表达不同。

由于在地理信息系统中的地图数据采取了分层组织管理方法，因而在显示时也可以采取该方法，即同比例尺条件下可以采用多图层方式来表现地理实体。

除了常见的二维平面地图之外，地理信息三维显示也成为地理信息一个重要的表现方式。利用三维显示技术，地理环境信息可以更为直观形象地表现出来，更容易让用户接受和理解。

（4）空间查询与分析。对地理空间的查询与分析功能，是 GIS 得以广泛应用的重要原因之一。通过 GIS 提供的空间数据查询与分析功能，用户可以从已知的地理数据中得出隐含的重要结论，这对许多应用领域（如商业选址、抢险救灾等）是至关重要的。

①空间查询。空间查询是地理信息系统以及许多其他自动化地理数据处理系统应具备的最基本的分析功能，即可把满足一定条件的空间对象查出，并将其按空间位置绘出，同时列出它们的相关属性等。空间查询是支持综合图形与文字的多种查询的主要方法，它支持由图查图、由图查文和由文查图，并能根据这些过程给出新图和有关数据。

GIS 通常使用空间数据引擎存储和查询空间数据库。空间数据引擎在用户和异构空间数据库的数据之间提供一个开放的接口，它是一种处于应用程序和数据管理系统之间的中间件技术，空间数据引擎是开放且基于标准的，这些规范和标准包括开放地理空间信息联盟（OGC）的 Sample Feature SQL Specification、国际标准化组织（IOS）/国际电工委员会（IEC）的 SQL3 以及 SQL 多媒体与应用程序包（SQL/MM）等。市场上主要的空间数据引擎产品都是与上述规范高度兼容的。

②空间分析。空间模型分析是在地理信息系统支持下，分析和解决现实世界中与空间相关的问题，它是地理信息系统应用深化的重要标志。空间分析是地理信息系统的核心功能，也是地理信息系统与其他计算机系统的根本区别，它以空间数据和属性数据为基础，回答真实地理客观世界的有关问题。地理信息系统的空间分析可分为拓扑分析、方位分析、度量分析、混合分析、栅格分析和地形分析等。

（5）地图制作。GIS 是在计算机辅助制图（CAD）基础上发展起来的一门学科，是电子地图（矢量化地图）制作的重要工具。因此，对空间数据进行各种渲染、高效、高性能、高度自动化处理是 GIS 制作地图的重要特点。采用 GIS 可以将数据矢量化，从而使与空间有关的各种数据（信息）叠加到电子地图上。

地图制作是将用户查询的结果或是数据分析的结果以文本、图形、多媒体、虚拟现实等形式输出，是 GIS 问题求解过程的最后一道工序。输出形式通常有两种：在计算机屏幕上显示或通过绘图仪输出。在一些对输出精度要求较高的应用领域，高质量的地图输出功能对 GIS 是必不可少的。这方面的技术主要包括数据校正、编辑、图形修饰、误差消除、坐标变换和出版印刷等。

地理信息系统功能遍历数据采集—分析—决策应用全部过程，并能回答和解决以下五类问题：

位置：即在某个地方有什么的问题。

条件：符合某些条件的实体在哪里。

趋势：某个地方发生某个事件，以及其随时间的变化过程。

模式：某个地方存在的空间实体的分布模式。

模拟：某个地方如果具备某种条件会发生什么。

3.web 缓存技术

缓存技术是减轻服务器负载、降低网络拥塞、增强 WWW 可扩展性的有效途径之一，其基本思想是利用客户访问的时间局部性（temporal locality）原理，将客户访问过的内容在 Cache 中存放一个副本，当该内容下次被访问时，不必连接到驻留网站，而是由 Cache 中保留的副本提供。web 内容可以缓存在客户端、代理服务器以及服务器端。实践表明，缓存技术可以显著地提高 WWW 性能。

4. 基于 web Service 的接口技术

web Service 采用超文本传输协议（HTTP）传输数据，采用可扩展标记语言（XML）格式封装数据。HTTP 协议和 XML 是被广泛使用的通用技术，各种编程语言对 HTTP 协议和 XML 这两种技术都提供了很好的支持，web Service 客户端与服务器端使用什么编程语言都可以完成简单对象访问协议（SOAP）的功能，因此 web Service 具备跨编程语言、跨操作系统平台的特点。

web Service 的技术优势如下：

（1）平台无关。不管使用什么平台，都可以使用 web 服务。

（2）编程语言无关。只要遵守相关协议，就可以使用任意编程语言，向其他网站要求 web 服务。这大大增加了 web 服务的适用性，降低了对程序员的要求。

（3）对于 web 服务提供者来说，部署、升级和维护 web 服务都非常简单，不需要考虑客户端兼容问题，而且一次性就能完成。

（4）对于 web 服务使用者来说，可以轻易实现多种数据、多种服务的聚合，因此能够做出一些以前根本无法想象的事情。

5. 可视化图表

（1）数据可视化就是借助视觉的表达方式（不局限于文字），将枯燥的、专业的、不直观的数据内容，有趣、浅显、直观地传达给观众的一种手段。

信息图表，就是数据可视化后产生的结果，就是我们在工作汇报中、项目介绍中以及后台系统中经常见到的数据图表。

（2）信息图表的分类。从视觉表现形式的角度，信息图表的呈现方式分为六大类：图解（diagram）、图表（chart）、表格（table）、统计图（graph）、地图（map）、图形符号（pictogram）。

①图解主要运用插图对事物进行说明。文字有时候是一种匮乏的信息传递方式，而可视化的方式则是人类最本源的一种信息传递方式，图解就是将很多无法准确或高效用语言传达的内容，以生动形象的图形解释出来。

②图表运用图形、线条及插图等，阐述事物的相关关系。图表通常用于简化人们对于大量数据之间的关系的理解。人们通常理解图表会比理解数据要快很多。图表和图解唯一的不同点在于，图解是用可视化的方式去传递信息，而图表则是用来阐述信息之间的逻辑关系。流程图就是典型的图表。

③表格根据特定信息标准进行区分，设置纵轴和横轴。表格是按照行和列或者采用更复杂的结构排列的数据，表格广泛应用于通信、研究和数据分析。其实表格并没有一个确定的定义，它会因为不同的行业和谈论环境而存在差异。

④统计图通过数值来表现变化趋势或者进行比较。统计图是根据统计数字，用几何图形、事物形象和地图等绘制的各种图形。它具有直观、形象、生动、具体等特点。统计图可以使复杂的统计数字简单化、通俗化、形象化，使人一目了然，便于理解和比较。因此，统计图在统计资料整理与分析中占有重要地位，并得到了广泛应用。

⑤地图描述在特定区域和空间里的位置关系。将真实的世界转换为平面，在此过程中必然要将一些东西略去。实际上，要说"省略"是地图上最关键的词也不为过，无论是哪种信息地图，最重要的是让用户找到想要看到的信息。

⑥图形符号不使用文字，直接用图画传达信息。所谓图形符号（也就是我们常说的 icon），基本就是通过易于理解、与人直觉相符的图形传达信息的一种形式。生活中处处存在图形符号，包括地铁站出入口上的地铁标识、路边

的指示牌与限速标识等。

（3）数据可视化基本方法。制作统计图的过程可以被分为四个步骤，分别是明确目的、选择图表、视觉设计、突出信息。

①明确目的：明确数据可视化的目标，通过数据可视化，探索我们要解决什么样的问题，需要探索什么内容或陈述什么事实，并选择合适的图表。

②选择图表：围绕目标找到能提供信息的指标或者数据，选择合适的图形去展示需要可视化的数据。

③视觉设计：以可视化的手段将数据转化成有趣的设计语言。

④突出信息：根据可视化展示目标，利用将重要信息添加辅助线或更改颜色等手段进行信息的凸显，将用户的注意力引向关键信息，帮助用户理解数据意义。

（六）性能设计

1.易用性设计

项目想要做到页面风格统一，界面简单，符合各级用户的操作习惯，方便用户进行业务处理，在设计方面应从以下三个方面入手。

（1）易理解性。

①产品展现：言简意赅，以场景方式进行描绘，客观体现软件的作用，做到软件产品资料一目了然、介绍清晰。

②功能命名：功能命名直接、明了，没有歧义，要使用户容易理解，而不是猜测其作用。

③使用手册：使用手册要充分考虑普通用户的接受水平，要语言直白、描述细致、逻辑清晰，尽量避免专业术语，避免技术性过强，造成很简单的操作在计算机操作水平不高的用户看来却无法理解，从而使手册生涩、难懂。

（2）易学习性。用户进入操作界面后，能够很直观、很容易地找到自己要使用的功能菜单，也能很顺利地完成操作。使用手册也需要站在用户的角度进行设计，每一操作步骤要细致、清楚，能让用户轻松获得帮助。

通过培训和文档资料使系统管理员在 3 天内做完系统的安装、初始设置、用户录入和权限分配，进行一次培训后，绝大部分用户能够在一天内熟练使用常用功能，一周内熟练使用 70% 的功能，即一周内让系统顺畅地运行起来，有效降低用户的学习成本。

（3）易操作性。易操作性是与用户为操作和运行控制所花的努力有关的软件属性。该特征要求软件的人机界面友好、界面设计科学合理以及操作简单等。

基于以上特征，本次建设的应用软件保证用户直接根据窗口提示上手使用，无须过多地参考使用说明书和参加培训，各项功能流程设计得很直接，争取在一个窗口完成一套操作。

此外，应对用户常用性的操作提供默认设置，尽量避免过多的手工操作，只要选择一个选项即可。

总之，应用软件的操作越简单越好，最好做到"零手册"，即不需要手册的帮助，就能够直接上手使用，做到"所想即所见，所见即所得"。

2. 可靠性设计

（1）采用冗余设计。根据可靠性理论，大幅度提高系统可用度的有效措施是采用可维修的冗余备份。由于系统庞大复杂，可靠性指标很高，系统设计时对各个关键设备需考虑备份，以使系统可靠性大大提高。利用带维修性的贮备方式，可靠性的压力大大降低，但代价是增加成本，同时对维修性的要求也极大地提高了。

（2）容错考虑。为降低人为故障，系统设计中应充分考虑容错设计（如信息容错、硬件容错等），并加强评审和测试，进行单元测试时，确保每项软件特性、功能都被测试用例覆盖；不仅要考虑合适的输入产生测试用例，还要考虑非法输入，提高可靠性和安全性。

（3）软件可靠性设计。大型计算机应用系统的软件在其中占有很大的比例，完成软件的可靠性、维修性设计是提高分系统质量的关键因素。软件不同于机器硬件，它是计算机系统中的逻辑部件而不是物理部件；软件在运行过程中不会因为使用时间过长而被"用坏"，若运行中发现错误，很可能是遇到了一个在开发时期引入的且在测试阶段未检测出的故障。因此，软件维护通常意味着改正或修改原来的设计，这在客观上使软件较难维护。缺陷（fault）指软件的内在缺陷；错误（error）指缺陷在一定环境条件下暴露，导致分系统运行中出现可感知的不正常、不正确和不按规范执行的状态；故障（failure）指由于对错误未做任何纠正而导致分系统的输出不满足预定的要求。

图 5-4 给出了在软件开发生命周期各阶段产生错误的积累和"放大"效应，在软件开发生命周期的后期改正一个错误，要比早期改正同一个错误需要付出的代价高出二到三个数量级。

第一，需求分析阶段要求需求规格说明具有可测试性、完整性、明确性、一致性和弹性。

第二，设计阶段要求采用先进的设计思想，考虑采用冗余设计、容错设计、抗拒硬件出错能力设计等；加强设计评审。

第三，编码阶段要求认真审查分析代码。

第四，测试阶段要求静态调试、动态调试、模块测试、整体测试、分系统测试采用各种测试工具，加强测试。

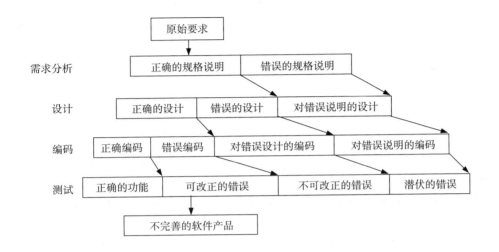

图 5-4　软件开发生命周期各阶段产生错误的积累和"放大"效应

另外，利用计算机辅助软件工程（CASE）工具，加强软件配置管理和变动管理；引进面向对象的思想，提高软件复用以及标准化和模块化设计水平也是数据支持分系统提高软件可靠性的措施。

软件质量模型（ISO9126）给出了软件度量特性包括一组层次结构的质量子特性。软件可靠性设计的技术主要是如下几个方面：

避错（fault avoidance）：建立一套软件可靠性设计准则，如结构化设计等在软件设计过程中努力遵循，避免软件错误的引入。

容错（fault tolerance）：采用裕度技术、冗余技术、N 版技术、恢复块技术、故障诊断技术（FDIR）等，屏蔽软件故障，恢复因出故障而影响的运行进程。

排错（fault removal）：通过评审、可靠性准则符合性审查，测试发现软件中遗留的错误并加以修正，达到可靠性增长的目的。

预错（fault forecasting）：通过收集软件开发，特别是测试过程中的可度量数据，利用适用的软件可靠性统计模型，对软件的可靠性进行预计，验证软件是否达到了规定的可靠性要求，保证软件使用的可靠性。

软件工程的 7 条基本原理：用分阶段的生命周期计划严格管理；坚持进

行阶段评审；实行严格的产品控制；采用现代程序设计技术；结果应能清楚地审查（文档）；开发小组的人员应该少而精；承认不断改进软件工程实践的必要性。

（4）可靠性增长试验。可靠性增长就是一个通过逐步改正产品的设计和研制中的缺陷，不断提高分系统可靠性的过程，它贯穿产品整个寿命周期。可靠性增长的三个要素如下：

①通过分析和试验发现故障源。

②对发现的问题进行反馈。

③根据发现的问题，采取有效的改正措施。

可靠性增长试验在软件产品方面显得尤其必要与有效。

（5）其他可靠性设计。系统所设计的接口可靠性指标，会直接影响系统的性能和效能。各类接口的设计应采用标准化、模块化以及面向对象的设计思路，通过功能建模、信息建模、原型设计、接口仿真等设计阶段，使系统接口的可靠性满足指标要求。

（6）容错考虑。为降低人为故障，系统设计中应充分考虑容错设计（如信息容错、硬件容错等），并加强评审和测试；进行单元测试时，要确保每项软件特性、功能都被测试用例覆盖；不仅要考虑合适的输入产生测试用例，还要考虑非法输入，提高可靠性和安全性。

系统中尽量采用成熟技术，运用已有技术成果。新技术发展迅速，采用新技术是必不可少的，但没经过长时间考验的新技术，其可靠性得不到保证。因此，必须扎实地搞好预先研究，通过实验促进技术的成熟。不应过多地使用新技术，应使其与其他经过考验的技术一起接受新的考验，这样设备的可靠性才不会随着新技术的使用而降低。

3.保障性设计

（1）保障性分析。为系统操作人员提供技术支持、培训课程以及相关保障服务，做好预防工作，以保证系统运行后的正常运转。

本系统的维修工作类型以非计划维修为主，即出现故障后及时进行修复性维修。修复性维修工作项目如下：

①部件更换或整机更换。

②提供新的软件版本或修补软件包替代原有软件。

③恢复被损坏的数据。

（2）人员保障。本系统所需的各类操作维护人员可分为数据管理员、目标综合整编员、应用保障人员、待培训人员。各类人员的职能和所应具备的基本技能叙述如下：

数据管理员：负责本系统各类数据管理、数据接入、数据导出等操作，对系统运行情况进行监视、登记，提出对保障资源需求的修改意见及系统消耗品的购置意见。该类人员应系统地阅读过本系统的用户手册，接受过有关于本系统的培训，且具备操作系统以及大型关系数据库的使用维护知识。

待培训人员：刚介入本系统工作，尚未接受对本系统相关知识的培训或不能完全掌握各软件之间的业务处理关系。

（3）维修工具保障。本系统的硬件采用的是通用的计算机、存储设备和网络设备，所以维修工作所需的也是通用的一些工具，需要配备各种规格的十字改锥、一字改锥等工具。在插拔网络设备中的各种插件板时，为防止由于静电而损坏插件板，应为系统操作员配置防静电手镯；操作员在插拔插件板前，一定要先带上防静电手镯。

系统中各种存储设备和网络设备的随机资料，以及软件各种手册、使用说明书等，均是维修工作所需的技术资料。

（4）人员培训保障。在本项目用户试用和系统完善阶段前，应对本系统的使用操作人员进行系统硬件、软件和应用软件的操作等培训工作；培训时使用本系统编制的"用户手册"等技术文档，以及各种硬件设备的随机技术资料，不再另外编写教材。培训时应采用边讲解、边实际操作的方式。用户人员可以在模拟训练环境中进行实验工作。

（5）系统使用保障。本系统应配备经过培训的专门人员进行系统操作；使用本系统的操作人员应已进行过系统软件、应用软件和硬件操作等培训工作；培训时应使用本系统编制的"用户手册"等技术文档，以及各种硬件设备的随机技术资料。

4.测试性设计

（1）目的。本系统的测试性设计目的是通过软件对系统的工作情况、存储设备运行状态、存储设备数据量情况等进行监视和控制，在系统运行中实时监测其健康状况，显示和存储故障信息，必要时告警；在故障检测方面能做到检查系统是否可投入正常运行，有无故障，并给出相应提示，以及维修后检验等；在故障隔离方面能做到把检测出的故障定位、隔离到规定的可更换的单元上。

系统的测试性设计应允许及时可信地确定并报告存储设备的状态和故障的位置。系统的划分应以功能、互相连接关系最少、故障隔离到规定单元的能力为基础，划分为基层级可更换单元（LRU）。LRU再以功能、互连关系最少、人员通过保障设备、培训与使用维修手册等达到的故障隔离能力为基础，划分为下一级可更换单元。

（2）设计要点。

①把测试性设计作为系统软硬件设计的组成部分。

②把合适的测试性设计方案结合到每个组成部分的初步设计中。确定系统备选方案对固有诊断能力的影响。

③选择要在设计中实施的测试性设计准则。在具体的设计中，对设计准则进行剪裁，包括被测单元（UUT）与脱机自动测试设备（ATE）兼容性方面的准则。

④对系统或设备设计所选择的测试性设计方案进行定性分析和评价，以保证设计能达到系统要求的测试性水平；进行固有测试性分析，以确定硬件特性是否有利于测试并确定问题范围。

⑤修改设计直到固有测试性水平满足或超过综合应用系统的最低要求。如果不可能达到最低要求或达到最低要求的效费比较差，但能满足故障检测和故障隔离要求，还应提供有关的数据加以说明。

5.提高并发性能

综合采用多种技术手段提供系统的并发性能。

（1）采用静态发布技术。利用模板技术，将模板中的标签在发布时就从数据库中提取相应的字段值进行替换，生成静态网页并发布到网站上，这样在互联网上访问该网页时，就不再连接数据库，不仅减轻了数据库压力，也减轻了应用服务器的压力，大大提高了访问性能。

（2）采用 web 缓存技术。网站技术高速发展的今天，缓存技术已经成为大型网站的一个关键技术，缓存设计好坏直接关系到一个网站访问的速度快慢，以及购置服务器的数量多少，甚至会影响用户的体验。

网站缓存按照存放的地点不同，可以分为客户端缓存、服务端缓存。

客户端缓存：客户端缓存又可分为网关或代理服务器缓存、浏览器缓存。

网关或代理服务器缓存是将网页缓存到网关服务器上，多用户访问同一个页面时，将直接从网关服务器把页面传送给用户。

浏览器缓存是最靠近用户的缓存，如果启用缓存，用户在访问同一个页面时，将不再从服务器下载页面，而是从本机的缓存目录中读取页面，然后在浏览器中展现这个页面。

服务端缓存：服务端缓存分为页面缓存、数据缓存、数据库缓存。

页面缓存：是将动态页面直接生成静态的页面放在服务器端，用户调取相同页面时，静态页面将直接下载到客户端，不再需要通过程序的运行和数据库的访问，大大节约了服务器的负载。

数据缓存：比较有名的数据缓存框架有 ehcache 和 memcached。

ehcache 有很多缓存的分支（包括页面缓存的模块），但最核心的模块还是它的数据缓存部分。比如，当 ehcache 和 hibernate 进行整合时，能将查询出的对象集合放入内存中，下次如果再查询这个对象，将直接从内存中返回这个数据集合，不需要再进行数据库的查询。同时，可以配置缓存的刷新模式，有 read-only、nonstrict-read-write、read-write 几种模式，其中 read-only 表示缓存是不刷新的（要刷新就只有重启了），nonstrict-read-write 表示刷新是不及时的，read-write 表示在数据发生变化时缓存都会发生刷新，具体怎么配置可能就要根据具体业务了。

memcached 大致的原理也和 ehcache 相同，将数据采用键值的形式存放在内存中，使用时可以将查询的 md5 作为键，查询的结果作为值。相对 ehcache 而言，memcached 是一个工具，ehcache 是一个框架，memcached 更加灵活，当然也要写出相应的代码去使用它。

数据库缓存：一般由数据库提供，如 Oracle，可以对表建立高速缓存，提高对经常访问的数据的访问速度。

（3）采用分页技术。分页技术是一种数据按需加载的技术，根据页面浏览的需要，并不要求一次加载全部数据，只需要加载一部分就行了，这样可以为用户提供很好的浏览体验。

（4）采用虚拟化部署，通过负载均衡提高系统可靠性和性能。

三、建设内容

（一）首页

知识产权统计分析系统登录页如图 5-5 所示。

图 5-5　知识产权统计分析系统登录页

在登录页面输入用户名、密码和验证码，点击【登录】按钮，可成功登录系统。

首页（图 5-6）展示专利、商标、地理标志保护产品相应统计数目及同比。

图 5-6　首页

可以查看本年度专利、商标、地理标志保护产品相应统计数目及同比。

（二）数据管理

每月将国家局下发的全省专利统计数据导入统计分析系统平台，也可以撤销导入的数据。

1.专利数据导入

（1）数据查询。在数据管理页面，点击左侧菜单【专利数据导入】，打开专利数据导入页面，上方有多个查询项。

可单个条件进行查询，也可多个条件组合查询。选择相应年份、月份、分类后，点击【查询】按钮，下方列表展示相应的导入信息。点击【重置】按钮，可取消选择各查询项。

（2）数据导入。在专利数据导入页面，点击【数据导入】按钮，弹窗"数据导入"。

在弹窗中正确填选各项信息后，点击【确定】按钮，成功导入数据；点击【取消】按钮，放弃导入操作。

（3）撤销导入。在专利数据导入页面，点击某条导入记录后的【撤销】按钮，弹窗"此操作将撤销该内容，是否继续？"。

在弹窗中，点击【确定】按钮，成功撤销导入的数据；点击【取消】按钮，放弃撤销操作。

2.专利数据管理

（1）申请数据。在数据管理页面，点击左侧菜单【专利数据导入】-【申请数据】，打开申请数据页面，上方有多个查询项。

可单个条件进行查询，也可多个条件组合查询。在查询项中输入或选择相应的内容，点击【查询】按钮，下方列表展示相应的数据。点击【重置】按钮，可清空各查询项，列表中展示所有数据。

在申请数据页面，点击【数据导出】按钮，自动将列表中的数据下载到本地。

在申请数据页面，点击数据后【人工处理】按钮，弹窗"数据详细信息"。

根据实际情况，在"处理信息"处选择数据归属后，点击【确定】按钮，成功修改此数据的归属信息；点击【取消】按钮，放弃人工处理操作。

在申请数据页面，点击数据后【详细信息】按钮，弹窗"数据详细信息"。

可以查看此数据的详细信息，点击【确定】按钮关闭弹窗。

在申请数据页面，点击数据后【编辑】按钮，弹窗"数据详细信息"。

根据实际情况，在"处理信息"处选择数据归属后，点击【确定】按钮，成功修改此数据的归属信息；点击【取消】按钮，放弃编辑操作。

（2）授权数据。在数据管理页面，点击左侧菜单【专利数据导入】-【授权数据】，打开授权数据页面，上方有多个查询项。

可单个条件进行查询，也可多个条件组合查询。在查询项中输入或选择相应的内容，点击【查询】按钮，下方列表展示相应的数据。点击【重置】按钮，可清空各查询项，列表中展示所有数据。

在授权数据页面，点击【数据导出】按钮，自动将列表中的数据下载到本地。

在授权数据页面，点击数据后【人工处理】按钮，弹窗"数据详细信息"。

根据实际情况，在"处理信息"处选择数据归属后，点击【确定】按钮，成功修改此数据的归属信息；点击【取消】按钮，放弃人工处理操作。

在授权数据页面，点击数据后【详细信息】按钮，弹窗"数据详细信息"。

可以查看此数据的详细信息，点击【确定】按钮关闭弹窗。

在授权数据页面，点击数据后【编辑】按钮，弹窗"数据详细信息"。

根据实际情况，在"处理信息"处选择数据归属后，点击【确定】按钮，成功修改此数据的归属信息；点击【取消】按钮，放弃编辑操作。

（3）有效发明数据。在数据管理页面，点击左侧菜单【专利数据导入】-【有效发明数据】，打开有效发明数据页面，上方有多个查询项。

可单个条件进行查询，也可多个条件组合查询。在查询项中输入或选择相应的内容，点击【查询】按钮，下方列表展示相应的数据。点击【重置】按钮，可清空各查询项，列表中展示所有数据。

在有效发明数据页面，点击【数据导出】按钮，自动将列表中的数据下载到本地。

在有效发明数据页面，点击数据后【人工处理】按钮，弹窗"数据详细信息"。

根据实际情况，在"处理信息"处选择数据归属后，点击【确定】按钮，成功修改此数据的归属信息；点击【取消】按钮，放弃人工处理操作。

在有效发明数据页面，点击数据后【详细信息】按钮，弹窗"数据详细信息"。

可以查看此数据的详细信息，点击【确定】按钮关闭弹窗。

在有效发明数据页面，点击数据后的【编辑】按钮，弹窗"数据详细信息"。

根据实际情况，在"处理信息"处选择数据归属后，点击【确定】按钮，成功修改此数据的归属信息；点击【取消】按钮，放弃编辑操作。

（4）PCT数据。在数据管理页面，点击左侧菜单【专利数据导入】–【PCT数据】，打开PCT数据页面，上方有多个查询项。

可单个条件进行查询，也可多个条件组合查询。在查询项中输入或选择相应的内容，点击【查询】按钮，下方列表展示相应的数据。点击【重置】按钮，可清空各查询项，列表中展示所有数据。

在PCT数据页面，点击【数据导出】按钮，自动将列表中的数据下载到本地。

在PCT数据页面，点击数据后【人工处理】按钮，弹窗"数据详细信息"。

根据实际情况，在"处理信息"处选择数据归属后，点击【确定】按钮，成功修改此数据的归属信息；点击【取消】按钮，放弃人工处理操作。

在PCT数据页面，点击数据后【详细信息】按钮，弹窗"数据详细信息"。

可以查看此数据的详细信息，点击【确定】按钮，关闭弹窗。

在PCT数据页面，点击数据后【编辑】按钮，弹窗"数据详细信息"。

根据实际情况，在"处理信息"处选择数据归属后，点击【确定】按钮，成功修改此数据的归属信息；点击【取消】按钮，放弃编辑操作。

3.商标数据管理

（1）注册商标数据。在数据管理页面，点击左侧菜单【商标数据管理】–【注册商标数据】，打开注册商标数据页面，上方有多个查询项。

可单个条件进行查询，也可多个条件组合查询。在查询项中输入或选择相应的内容，点击【查询】按钮，下方列表展示相应的数据。点击【重置】按钮，可清空各查询项，列表中展示所有数据。

在注册商标数据页面，点击【数据导出】按钮，自动将列表中的数据下载到本地。

（2）驰名商标数据。在数据管理页面，点击左侧菜单【商标数据管理】–【驰名商标数据】，打开驰名商标数据页面，上方有多个查询项。

可单个条件进行查询，也可多个条件组合查询。在查询项中输入或选择相应的内容，点击【查询】按钮，下方列表展示相应的数据。点击【重置】按钮，可清空各查询项，列表中展示所有数据。

在驰名商标数据页面，点击【数据导出】按钮，自动将列表中的数据下载到本地。

在驰名商标数据页面，点击【数据导入】按钮，弹窗"数据导入"。

在弹窗中正确选择导入的文件后可成功导入数据。

（3）地理标志商标数据。在数据管理页面，点击左侧菜单【商标数据管理】-【地理标志商标数据】，打开地理标志商标数据页面，上方有多个查询项。

可单个条件进行查询，也可多个条件组合查询。在查询项中输入或选择相应的内容，点击【查询】按钮，下方列表展示相应的数据。点击【重置】按钮，可清空各查询项，列表中展示所有数据。

在地理标志商标数据页面，点击【数据导出】按钮，自动将列表中的数据下载到本地。

在地理标志商标数据页面，点击【数据导入】按钮，弹窗"数据导入"。

在弹窗中正确选择导入的文件后可成功导入数据。

4. 地理标志产品管理

（1）信息查询。在数据管理页面，点击左侧菜单【地理标志产品管理】，打开地理标志产品管理页面，上方有多个查询项。

可单个条件进行查询，也可多个条件组合查询。在查询项中输入或选择相应的内容，点击【查询】按钮，下方列表展示相应的数据。点击【重置】按钮，可清空各查询项，列表中展示所有数据。

（2）数据导入。在地理标志产品管理页面，点击【数据导入】按钮，弹窗"数据导入"。

在弹窗中正确选择导入的文件后可成功导入数据。

（3）信息创建。在地理标志产品管理页面，点击【创建】按钮，弹窗"添加地理标志"。

根据实际情况，填选各项信息后，点击【确定】按钮，成功添加地理标志产品；点击【取消】按钮，放弃添加操作。

（4）信息修改。在地理标志产品管理页面，点击某个数据后的【修改】按钮，弹窗"修改地理标志"。

根据实际情况，修改各项信息后，点击【确定】按钮，成功修改地理标志产品；点击【取消】按钮，放弃修改操作。

（5）详细信息。在地理标志产品管理页面，点击某个数据后的【详细信息】按钮，弹窗"详细信息"。

可以查看此数据的详细信息，点击【确定】按钮关闭弹窗。

5. 集成电路布图

（1）信息查询。在数据管理页面，点击左侧菜单【集成电路布图】，打开集成电路布图页面，上方有多个查询项。

可单个条件进行查询，也可多个条件组合查询。在查询项中输入或选择相应的内容，点击【查询】按钮，下方列表展示相应的数据。点击【重置】按钮，可清空各查询项，列表中展示所有数据。

（2）数据导入。在集成电路布图页面，点击【数据导入】按钮，弹窗"数据导入"。

在弹窗中正确选择导入的文件后可成功导入数据。

（3）手工录入。在集成电路布图页面，点击【手工录入】按钮，弹窗"数据详细信息"。

根据实际情况填写各项信息，点击【确定】按钮，成功录入一条集成电路信息；点击【取消】按钮，放弃录入操作。

（4）结果导出。在集成电路布图页面，点击【结果导出】按钮，自动将列表中的数据下载到本地。

（5）详细信息。在集成电路布图页面，点击某条数据后的【详细信息】按钮，弹窗"数据详细信息"。

可以查看此数据的详细信息，点击【确定】按钮关闭弹窗。

（6）编辑。在集成电路布图页面，点击某条数据后【编辑】按钮，弹窗"数据详细信息"。

根据实际情况，在"处理信息"处选择数据归属后，点击【确定】按钮，成功修改此数据的归属信息；点击【取消】按钮，放弃编辑操作。

6.专利数据导出

（1）按城市导出。在数据管理页面，点击左侧菜单【专利数据导出】，打开数据导出页面，导出类型处选择"按城市导出"。

点击【导出】按钮，可以按城市导出数据；点击【重置】按钮，可清除各选择项。

（2）按区县导出。在数据导出页面，导出类型处选择"按区县导出"，出现"选择城市"。

点击【导出】按钮，可以按区县导出数据；点击【重置】按钮，可清除各选择项。

（三）专利统计

按照统计工作的需要实现专利数据多角度的数据统计功能。

1.申请与授权统计

（1）月度数量统计。

①数据查询。在专利统计页面，点击左侧菜单【申请与授权统计】-【月度数量统计】，打开月度数量统计页面，上方有多个查询项。

可单个条件进行查询，也可多个条件组合查询。在查询项中输入或选择相应的内容，点击【查询】按钮，下方统计表和统计图展示相应的数据。点击【重置】按钮，可清空各查询项，下方统计表和统计图展示默认的数据。

②统计表。在月度数量统计页面，点击"统计表"标签，下方以表格的形式展示统计结果。

点击统计表中的数据，跳转到相应的数据管理页面。

③统计图。在月度数量统计页面，点击"统计图"标签，下方以环形图的形式展示统计结果。

点击统计图右上角的【下载】按钮，可下载到本地。

④单表下载。在月度数量统计页面，点击【单表下载】按钮，会把统计表下载到本地。

⑤多表下载。在月度数量统计页面，点击【多表下载】按钮，弹窗"多表下载功能"。

根据实际情况选择下载方式，点击【确定】按钮，信息下载到本地；点击【取消】按钮，放弃下载操作。

（2）专利比较数量统计。

①数据查询。在专利统计页面，点击左侧菜单【申请与授权统计】-【专利比较数量统计】，打开专利比较数量统计页面，上方有多个查询项。

可单个条件进行查询，也可多个条件组合查询。在查询项中输入或选择相应的内容，点击【查询】按钮，下方统计表和统计图展示相应的对比数据。点击【重置】按钮，可清空各查询项，下方统计表和统计图展示默认的对比数据。

②统计表。在专利比较数量统计页面，点击"统计表"标签，下方以表格的形式展示对比结果。

点击统计表中的数据，跳转到相应的数据管理页面。

③统计图。在专利比较数量统计页面，点击"统计图"标签，下方以环形图和柱状图的形式展示对比结果。

点击统计图右上角的【下载】按钮，可下载到本地。

④全部下载。在专利比较数量统计页面，点击【全部下载】按钮，会把统计表下载到本地。

（3）各市县情况统计。

①数据查询。在专利统计页面，点击左侧菜单【申请与授权统计】-【各市县情况统计】，打开各市县情况统计页面，上方有多个查询项。

可单个条件进行查询，也可多个条件组合查询。在查询项中输入或选择相应的内容，点击【查询】按钮，下方统计表展示相应的统计数据。点击【重置】按钮，可清空各查询项，下方统计表展示默认的统计数据。可以按城市或者按区县展示统计结果。

②下载。在各市县情况统计页面，点击【下载】按钮，会把统计表下载到本地。

（4）数量排名统计。

①数据查询。在专利统计页面，点击左侧菜单【申请与授权统计】-【数量排名统计】，打开数量排名统计页面，上方有多个查询项。

可单个条件进行查询，也可多个条件组合查询。在查询项中输入或选择相应的内容，点击【查询】按钮，下方统计表展示相应的统计数据。点击【重置】按钮，可清空各查询项，下方统计表展示默认的统计数据。可以按城市或者按区县展示统计结果。

②下载。在数量排名统计页面，点击【下载】按钮，会把统计表下载到本地。

（5）分类数量统计。

①数据查询。在专利统计页面，点击左侧菜单【申请与授权统计】-【分类数量统计】，打开分类数量统计页面，上方有多个查询项。

可单个条件进行查询，也可多个条件组合查询。在查询项中输入或选择相应的内容，点击【查询】按钮，下方统计表展示相应的统计数据。点击【重置】按钮，可清空各查询项，下方统计表展示默认的统计数据。可以按专利申请或者授权展示统计结果。

②单表下载。在分类数量统计页面，点击【单表下载】按钮，会把统计表下载到本地。

③多表下载。在分类数量统计页面，点击【多表下载】按钮，弹窗"多表下载功能"。

根据实际情况选择下载方式，点击【确定】按钮，信息下载到本地；点击【取消】按钮，放弃下载操作。

（6）全国数据对比统计。

①数据查询。在专利统计页面，点击左侧菜单【申请与授权统计】-【全国数据对比统计】，打开全国数据对比统计页面，上方有多个查询项。

可单个条件进行查询，也可多个条件组合查询。在查询项中输入或选择相应的内容，点击【查询】按钮，下方统计表和统计图展示相应的对比数据。点击【重置】按钮，可清空各查询项，下方统计表和统计图展示默认的对比数据。

②统计表。在全国数据对比统计页面，点击"统计表"标签，下方以表格的形式展示对比结果。

③统计图。在全国数据对比统计页面，点击"统计图"标签，下方以折线图的形式展示对比结果。

点击统计图右上角的【下载】按钮，可下载到本地。

④下载。在全国数据对比统计页面，点击【下载】按钮，会把统计表下载到本地。

（7）年度各月统计。

①数据查询。在专利统计页面，点击左侧菜单【申请与授权统计】-【年度各月统计】，打开年度各月统计页面，上方有多个查询项。

可单个条件进行查询，也可多个条件组合查询。在查询项中输入或选择相应的内容，点击【查询】按钮，下方统计表展示相应的统计数据。点击【重置】按钮，可清空各查询项，下方统计表展示默认的统计数据。可以按专利申请或者授权展示统计结果。

②下载。在年度各月统计页面，点击【下载】按钮，会把统计表下载到本地。

2.有效发明专利统计

（1）月度数量统计。

①数据查询。在专利统计页面，点击左侧菜单【有效发明专利统计】-【月度数量统计】，打开月度数量统计页面，上方有多个查询项。

可单个条件进行查询，也可多个条件组合查询。在查询项中输入或选择相应的内容，点击【查询】按钮，下方统计表和统计图展示相应的数据。点击【重置】按钮，可清空各查询项，下方统计表和统计图展示默认的数据。

②统计表。在月度数量统计页面，点击"统计表"标签，下方以表格的形式展示统计结果。

点击统计表中的数据，跳转到相应的数据管理页面。

③统计图。在月度数量统计页面，点击"统计图"标签，下方以图形的方式展示统计结果。

点击统计图右上角的【下载】按钮，可下载到本地。

④单表下载。在月度数量统计页面，点击【单表下载】按钮，会把统计表下载到本地。

⑤多表下载。在月度数量统计页面，点击【多表下载】按钮，弹窗"多表下载功能"。

根据实际情况选择下载方式，点击【确定】按钮，信息下载到本地；点击【取消】按钮，放弃下载操作。

（2）比较报表统计。

①数据查询。在专利统计页面，点击左侧菜单【有效发明专利统计】–【比较报表统计】，打开比较报表统计页面，上方有多个查询项。

可单个条件进行查询，也可多个条件组合查询。在查询项中输入或选择相应的内容，点击【查询】按钮，下方统计表和统计图展示相应的对比数据。点击【重置】按钮，可清空各查询项，下方统计表和统计图展示默认的对比数据。

②统计表。在比较报表统计页面，点击"统计表"标签，下方以表格的形式展示比较结果。

点击统计表中的数据，跳转到相应的数据管理页面。

③统计图。在比较报表统计页面，点击"统计图"标签，下方以图形的方式展示比较结果。

点击统计图右上角的【下载】按钮，可下载到本地。

④全部下载。在比较报表统计页面，点击【全部下载】按钮，会把统计表下载到本地。

（3）排名报表统计。

①数据查询。在专利统计页面，点击左侧菜单【有效发明专利统计】–【排名报表统计】，打开排名报表统计页面，上方有多个查询项。

可单个条件进行查询，也可多个条件组合查询。在查询项中输入或选择相应的内容，点击【查询】按钮，下方统计表展示相应的统计数据。点击【重置】按钮，可清空各查询项，下方统计表展示默认的统计数据。可以按城市或者按区县展示统计结果。

②全部下载。在排名报表统计页面，点击【下载】按钮，会把统计表下载到本地。

（4）全省各市县统计。

①数据查询。在专利统计页面，点击左侧菜单【有效发明专利统计】–【全省各市县统计】，打开全省各市县统计页面，上方有多个查询项。

可单个条件进行查询，也可多个条件组合查询。在查询项中输入或选择相应的内容，点击【查询】按钮，下方统计表展示相应的统计数据。点击【重置】按钮，可清空各查询项，下方统计表展示默认的统计数据。可以按城市或者按区县展示统计结果。

②下载。在全省各市县统计页面，点击【下载】按钮，会把统计表下载到本地。

（5）专利增长流失统计。

①数据查询。在专利统计页面，点击左侧菜单【有效发明专利统计】-【专利增长流失统计】，打开专利增长流失统计页面，上方有多个查询项。

可单个条件进行查询，也可多个条件组合查询。在查询项中输入或选择相应的内容，点击【查询】按钮，下方统计表展示相应的统计数据。点击【重置】按钮可清空各查询项，下方统计表展示默认的统计数据。

②下载。在专利增长流失统计页面，点击【下载】按钮，会把统计表下载到本地。

（6）年度各月统计。

①数据查询。在专利统计页面，点击左侧菜单【有效发明专利统计】-【年度各月统计】，打开年度各月统计页面，上方有多个查询项。

可单个条件进行查询，也可多个条件组合查询。在查询项中输入或选择相应的内容，点击【查询】按钮，下方统计表展示相应的统计数据。点击【重置】按钮，可清空各查询项，下方统计表展示默认的统计数据。

②下载。在年度各月统计页面，点击【下载】按钮，会把统计表下载到本地。

（7）全国数据对比统计。

①数据查询。在专利统计页面，点击左侧菜单【有效发明专利统计】-【全国数据对比统计】，打开全国数据对比统计页面，上方有多个查询项。

可单个条件进行查询，也可多个条件组合查询。在查询项中输入或选择相应的内容，点击【查询】按钮，下方统计表和统计图展示相应的对比数据。点击【重置】按钮，可清空各查询项，下方统计表和统计图展示默认的对比数据。

②统计表。在全国数据对比统计页面，点击"统计表"标签，下方以表格的形式展示比较结果。

点击统计表中的数据，跳转到相应的数据管理页面。

④统计图。在全国数据对比统计页面，点击"统计图"标签，下方以图

形的方式展示比较结果。

点击统计图右上角的【下载】按钮，可下载到本地。

⑤下载。在全国数据对比统计页面，点击【下载】按钮，会把统计表下载到本地。

3.万人统计

（1）月度数量统计。

①数据查询。在专利统计页面，点击左侧菜单【万人统计】-【月度数量统计】，打开月度数量统计页面，上方有多个查询项。

可单个条件进行查询，也可多个条件组合查询。在查询项中输入或选择相应的内容，点击【查询】按钮，下方统计表和统计图展示相应的数据。点击【重置】按钮，可清空各查询项，下方统计表和统计图展示默认的数据。

②统计表。在月度数量统计页面，点击"统计表"标签，下方以表格的形式展示统计结果。

③统计图。在月度数量统计页面，点击"统计图"标签，下方以图形的方式展示统计结果。

点击统计图右上角的【下载】按钮，可下载到本地。

④单表下载。在月度数量统计页面，点击【单表下载】按钮，会把统计表下载到本地。

⑤多表下载。在月度数量统计页面，点击【多表下载】按钮，弹窗"多表下载功能"。

根据实际情况选择下载方式，点击【确定】按钮，信息下载到本地；点击【取消】按钮，放弃下载操作。

（2）比较数量统计。

①数据查询。在专利统计页面，点击左侧菜单【万人统计】-【比较数量统计】，打开比较数量统计页面，上方有多个查询项。

可单个条件进行查询，也可多个条件组合查询。在查询项中输入或选择相应的内容，点击【查询】按钮，下方统计表展示相应的对比数据。点击【重置】按钮可清空各查询项，下方统计表展示默认的对比数据。

②下载。在比较数量统计页面，点击【下载】按钮，会把统计表下载到本地。

（3）排名数量统计。

①数据查询。在专利统计页面，点击左侧菜单【万人统计】-【排名数量统计】，打开排名数量统计页面，上方有多个查询项。

可单个条件进行查询，也可多个条件组合查询。在查询项中输入或选择相应的内容，点击【查询】按钮，下方统计表展示相应的对比数据。点击【重置】按钮可清空各查询项，下方统计表展示默认的对比数据。可以按城市或者按区县展示统计结果。

②下载。在排名数量统计页面，点击【下载】按钮，会把统计表下载到本地。

（4）年度各月统计。

①数据查询。在专利统计页面，点击左侧菜单【万人统计】-【年度各月统计】，打开年度各月统计页面，上方有时间范围查询项。

选择年份后，点击【查询】按钮，下方统计表展示相应的对比数据。点击【重置】按钮查询项恢复默认的年份，下方统计表展示默认的对比数据。

②下载。在年度各月统计页面，点击【下载】按钮，会把统计表下载到本地。

（5）全国数据对比统计。

①数据查询。在专利统计页面，点击左侧菜单【万人统计】-【全国数据对比统计】，打开全国数据对比统计页面，上方有多个查询项。

可单个条件进行查询，也可多个条件组合查询。在查询项中输入或选择相应的内容，点击【查询】按钮，下方统计表和统计图展示相应的数据。点击【重置】按钮，可清空各查询项，下方统计表和统计图展示默认的数据。

②统计表。在全国数据对比统计页面，点击"统计表"标签，下方以表格的形式展示统计结果。

③统计图。在全国数据对比统计页面，点击"统计图"标签，下方以图形的方式展示统计结果。

点击统计图右上角的【下载】按钮，可下载到本地。

④下载。在全国数据对比统计页面，点击【下载】按钮，会把统计表下载到本地。

（6）年均增长率统计。

①数据查询。在专利统计页面，点击左侧菜单【万人统计】-【年均增长率统计】，打开年均增长率统计页面，上方有时间范围查询项。

选择年份后，点击【查询】按钮，下方统计表展示相应的对比数据。点击【重置】按钮查询项恢复默认的年份，下方统计表展示默认的对比数据。

②下载。在年均增长率统计页面，点击【下载】按钮，会把统计表下载到本地。

4.PCT 统计

（1）月度数量统计。

①数据查询。在专利统计页面，点击左侧菜单【PCT 统计】-【月度数量统计】，打开月度数量统计页面，上方有多个查询项。

可单个条件进行查询，也可多个条件组合查询。在查询项中输入或选择相应的内容，点击【查询】按钮，下方统计表和统计图展示相应的数据。点击【重置】按钮可清空各查询项，下方统计表和统计图展示默认的数据。

②统计表。在月度数量统计页面，点击"统计表"标签，下方以表格的形式展示统计结果。

点击统计表中的数据，跳转到相应的数据管理页面。

③统计图。在月度数量统计页面，点击"统计图"标签，下方以图形的方式展示统计结果。

点击统计图右上角的【下载】按钮，可下载到本地。

④单表下载。在月度数量统计页面，点击【单表下载】按钮，会把统计表下载到本地。

⑤多表下载。在月度数量统计页面，点击【多表下载】按钮，弹窗"多表下载功能"。

根据实际情况选择下载方式，点击【确定】按钮，信息下载到本地；点击【取消】按钮，放弃下载操作。

（2）比较数量统计。

①数据查询。在专利统计页面，点击左侧菜单【PCT 统计】-【比较数量统计】，打开比较数量统计页面，上方有多个查询项。

可单个条件进行查询，也可多个条件组合查询。在查询项中输入或选择相应的内容，点击【查询】按钮，下方统计表展示相应的对比数据。点击【重置】按钮可清空各查询项，下方统计表展示默认的对比数据。点击统计表中的数据，跳转到相应的数据管理页面。

②下载。在比较数量统计页面，点击【下载】按钮，会把统计表下载到本地。

（3）排名数量统计。

①数据查询。在专利统计页面，点击左侧菜单【PCT 统计】-【排名数量统计】，打开排名数量统计页面，上方有多个查询项。

可单个条件进行查询，也可多个条件组合查询。在查询项中输入或选择相应的内容，点击【查询】按钮，下方统计表展示相应的数据。点击【重置】

按钮可清空各查询项，下方统计表展示默认的数据。点击统计表中的数据，跳转到相应的数据管理页面。

②下载。在排名数量统计页面，点击【下载】按钮，会把统计表下载到本地。

（4）年度各月统计。

①数据查询。在专利统计页面，点击左侧菜单【PCT统计】-【年度各月统计】，打开年度各月统计页面。

选择时间，点击【查询】按钮，下方统计表展示相应的数据。点击【重置】按钮可查询项，下方统计表展示默认的数据。

②下载。在年度各月统计页面，点击【下载】按钮，会把统计表下载到本地。

（5）全国数据对比统计。

①数据查询。在专利统计页面，点击左侧菜单【PCT统计】-【全国数据对比统计】，打开全国数据对比统计页面。

选择时间范围，点击【查询】按钮，下方统计表展示相应的数据。点击【重置】按钮可查询项，下方统计表展示默认的数据。点击统计表中的数据，跳转到相应的数据管理页面。

②统计表。在全国数据对比统计页面，点击"统计表"标签，下方以表格的形式展示统计结果。

③统计图。在全国数据对比统计页面，点击"统计图"标签，下方以图形的方式展示统计结果。

点击统计图右上角的【下载】按钮，可下载到本地。

④下载。在全国数据对比统计页面，点击【下载】按钮，会把统计表下载到本地。

5.其他数据统计

（1）数据查询。在专利统计页面，点击左侧菜单【其他数据统计】-【知识产权数据统计】，打开知识产权数据统计页面。

选择统计范围，点击【查询】按钮，下方统计表展示相应的数据。点击【重置】按钮可查询项，下方统计表展示默认的数据。

（2）下载。在知识产权数据统计页面，点击【下载】按钮，会把统计表下载到本地。

（四）商标统计

按照统计工作的需要实现商标数据多角度的数据统计功能。

1. 商标数量统计

（1）数据查询。在商标统计页面，点击左侧菜单【商标数量统计】，打开商标数量统计页面，上方有多个查询项。

可单个条件进行查询，也可多个条件组合查询。在查询项中输入或选择相应的内容，点击【查询】按钮，下方统计表和统计图展示相应的数据。点击【重置】按钮可清空各查询项，下方统计表和统计图展示默认的数据。

（2）统计表。在商标数量统计页面，点击"统计表"标签，下方以表格的形式展示统计结果。

（3）统计图。在商标数量统计页面，点击"统计图"标签，下方以图形的方式展示统计结果。

点击统计图右上角的【下载】按钮，可下载到本地。

（4）单表下载。在商标数量统计页面，点击【单表下载】按钮，会把统计表下载到本地。

2. 商标分类统计

（1）数据查询。在商标统计页面，点击左侧菜单【商标分类统计】，打开商标分类统计页面，上方有多个查询项。

可单个条件进行查询，也可多个条件组合查询。在查询项中输入或选择相应的内容，点击【查询】按钮，下方统计表和统计图展示相应的数据。点击【重置】按钮可清空各查询项，下方统计表和统计图展示默认的数据。

（2）单表下载。在商标分类统计页面，点击【单表下载】按钮，会把统计表下载到本地。

3. 商标对比统计

（1）数据查询。在商标统计页面，点击左侧菜单【商标对比统计】，打开商标对比统计页面，上方有多个查询项。

可单个条件进行查询，也可多个条件组合查询。在查询项中输入或选择相应的内容，点击【查询】按钮，下方统计表和统计图展示相应的数据。点击【重置】按钮可清空各查询项，下方统计表和统计图展示默认的数据。

（2）统计表。在商标对比统计页面，点击"统计表"标签，下方以表格的形式展示统计结果。

（3）统计图。在商标对比统计页面，点击"统计图"标签，下方以图形的方式展示统计结果。

点击统计图右上角的【下载】按钮，可下载到本地。

（五）分类统计

分类统计主要包含国民经济行业分类统计和战略新兴产业分类统计。

1. 国民经济行业分类统计

（1）数据查询。在分类统计页面，点击左侧菜单【国民经济行业分类统计】，打开国民经济行业分类统计页面，上方有多个查询项。

可单个条件进行查询，也可多个条件组合查询。在查询项中输入或选择相应的内容，点击【查询】按钮，下方统计表和统计图展示相应的数据。点击【重置】按钮可清空各查询项，下方统计表和统计图展示默认的数据。

（2）统计表。在国民经济行业分类统计页面，点击"统计表"标签，下方以表格的形式展示统计结果。

（3）统计图。在国民经济行业分类统计页面，点击"统计图"标签，下方以图形的方式展示统计结果。

点击统计图右上角的【下载】按钮，可下载到本地。

（4）单表下载。在国民经济行业分类统计页面，点击【单表下载】按钮，会把统计表下载到本地。

2. 战略新兴产业分类统计

（1）数据查询。在分类统计页面，点击左侧菜单【战略新兴产业分类统计】，打开战略新兴产业分类统计页面，上方有多个查询项。

可单个条件进行查询，也可多个条件组合查询。在查询项中输入或选择相应的内容，点击【查询】按钮，下方统计表和统计图展示相应的数据。点击【重置】按钮可清空各查询项，下方统计表和统计图展示默认的数据。

（2）统计表。在战略新兴产业分类统计页面，点击"统计表"标签，下方以表格的形式展示统计结果。

（3）统计图。在战略新兴产业分类统计页面，点击"统计图"标签，下方以图形的方式展示统计结果。

点击统计图右上角的【下载】按钮，可下载到本地。

（4）单表下载。在战略新兴产业分类统计页面，点击【单表下载】按钮，会把统计表下载到本地。

（六）简报

简报模块包含申请授权简报、有效发明专利简报、万人发明专利拥有量简报、PCT 国际专利申请量简报、专利权人简报等。

点击页面上方导航菜单【简报】，打开"简报"页面。

1. 申请授权简报

（1）专利分析。

①专利简报查询。在简报页面，点击左侧菜单【申请授权简报】-【专利分析】，打开专利分析页面。

在查询项中选择简报年份，点击【查询】按钮，下方列表展示相应的数据。点击【重置】按钮，可清空查询项，列表中展示所有数据。

②新增专利简报。在专利分析页面，点击【新增简报】按钮，弹窗"数据详细信息"。

根据实际情况填写各项信息，点击【确定】按钮，成功新增一个专利简报；点击【取消】按钮，放弃新增操作。

③下载专利简报。在专利分析页面，点击专利简报信息后的【下载】按钮，可将专利简报下载到本地。

④删除专利简报。在专利分析页面，点击专利简报信息后的【删除】按钮，弹窗"是否删除该简报？"。

点击【确定】按钮，删除此专利简报；点击【取消】按钮，放弃删除操作。

（2）发明专利分析。

①发明专利简报查询。在简报页面，点击左侧菜单【申请授权简报】-【发明专利分析】，打开发明专利分析页面。

在查询项中选择简报年份，点击【查询】按钮，下方列表展示相应的数据。点击【重置】按钮可清空查询项，列表中展示所有数据。

②新增发明专利简报。在发明专利分析页面，点击【新增简报】按钮，弹窗"数据详细信息"。

根据实际情况填写各项信息，点击【确定】按钮，成功新增一个发明专利简报；点击【取消】按钮，放弃新增操作。

③下载发明专利简报。在发明专利分析页面，点击发明专利简报信息后的【下载】按钮，可将发明专利简报下载到本地。

④删除发明专利简报。在发明专利分析页面，点击发明专利简报信息后

的【删除】按钮，弹窗"是否删除该简报？"。

点击【确定】按钮，删除此发明专利简报；点击【取消】按钮，放弃删除操作。

（3）实用新型专利分析。

①实用新型专利简报查询。在简报页面，点击左侧菜单【申请授权简报】—【实用新型专利分析】，打开实用新型专利分析页面。

在查询项中选择简报年份，点击【查询】按钮，下方列表展示相应的数据。点击【重置】按钮可清空查询项，列表中展示所有数据。

②新增实用新型专利简报。实用新型专利分析页面，点击【新增简报】按钮，弹窗"数据详细信息"。

根据实际情况填写各项信息，点击【确定】按钮，成功新增一个实用新型专利简报；点击【取消】按钮，放弃新增操作。

③下载实用新型专利简报。在实用新型专利分析页面，点击实用新型专利简报信息后的【下载】按钮，可将实用新型专利简报下载到本地。

④删除实用新型专利简报。在实用新型专利分析页面，点击实用新型专利简报信息后的【删除】按钮，弹窗"是否删除该简报？"。

点击【确定】按钮，删除此实用新型专利简报；点击【取消】按钮，放弃删除操作。

（4）外观专利分析。

①外观专利简报查询。在简报页面，点击左侧菜单【申请授权简报】—【外观专利分析】，打开外观专利分析页面。

在查询项中选择简报年份，点击【查询】按钮，下方列表展示相应的数据。点击【重置】按钮可清空查询项，列表中展示所有数据。

②新增外观专利简报。在外观专利分析页面，点击【新增简报】按钮，弹窗"数据详细信息"。

根据实际情况填写各项信息，点击【确定】按钮，成功新增一个外观专利简报；点击【取消】按钮，放弃新增操作。

③下载外观专利简报。在外观专利分析页面，点击外观专利简报信息后的【下载】按钮，可将外观专利简报下载到本地。

④删除外观专利简报。在外观专利分析页面，点击外观专利简报信息后的【删除】按钮，弹窗"是否删除该简报？"。

点击【确定】按钮，删除此外观专利简报；点击【取消】按钮，放弃删除操作。

2. 有效、万人、PCT

（1）有效发明专利分析。

①有效发明专利简报查询。在简报页面，点击左侧菜单【有效、万人、PCT】-【有效发明专利分析】，打开有效发明专利分析页面。

在查询项中选择简报年份，点击【查询】按钮，下方列表展示相应的数据。点击【重置】按钮，可清空查询项，列表中展示所有数据。

②新增有效发明专利简报。在有效发明专利分析页面，点击【新增简报】按钮，弹窗"数据详细信息"。

根据实际情况填写各项信息，点击【确定】按钮，成功新增一个有效发明专利简报；点击【取消】按钮，放弃新增操作。

③下载有效发明专利简报。在有效发明专利分析页面，点击有效发明专利简报信息后的【下载】按钮，可将有效发明专利简报下载到本地。

④删除有效发明专利简报。在有效发明专利分析页面，点击有效发明专利简报信息后的【删除】按钮，弹窗"是否删除该简报？"。

点击【确定】按钮，删除此有效发明专利简报；点击【取消】按钮，放弃删除操作。

（2）万人发明专利分析。

①万人发明专利简报查询。在简报页面，点击左侧菜单【有效、万人、PCT】-【万人发明专利分析】，打开万人发明专利分析页面。

在查询项中选择简报年份，点击【查询】按钮，下方列表展示相应的数据。点击【重置】按钮，可清空查询项，列表中展示所有数据。

②新增万人发明专利简报。在万人发明专利分析页面，点击【新增简报】按钮，弹窗"数据详细信息"。

根据实际情况填写各项信息，点击【确定】按钮，成功新增一个万人发明专利简报；点击【取消】按钮，放弃新增操作。

③下载万人发明专利简报。在万人发明专利分析页面，点击万人发明专利简报信息后的【下载】按钮，可将万人发明专利简报下载到本地。

④删除万人发明专利简报。在万人发明专利分析页面，点击万人发明专利简报信息后的【删除】按钮，弹窗"是否删除该简报？"。

点击【确定】按钮，删除此万人发明专利简报；点击【取消】按钮，放弃删除操作。

（3）PCT国际专利分析。

①PCT国际专利简报查询。在简报页面，点击左侧菜单【有效、万人、

PCT】–【PCT国际专利分析】,打开PCT国际专利分析页面。

在查询项中选择简报年份,点击【查询】按钮,下方列表展示相应的数据。点击【重置】按钮,可清空查询项,列表中展示所有数据。

②新增PCT国际专利简报。在PCT国际专利分析页面,点击【新增简报】按钮,弹窗"数据详细信息"。

根据实际情况填写各项信息,点击【确定】按钮,成功新增一个PCT国际专利简报;点击【取消】按钮,放弃新增操作。

③下载PCT国际专利简报。在PCT国际专利分析页面,点击PCT国际专利简报信息后的【下载】按钮,可将PCT国际专利简报下载到本地。

④删除PCT国际专利简报。在PCT国际专利分析页面,点击PCT国际专利简报信息后的【删除】按钮,弹窗"是否删除该简报?"。

点击【确定】按钮,删除此PCT国际专利简报;点击【取消】按钮,放弃删除操作。

3.专利权人简报

(1)职务专利分析。

①职务专利简报查询。在简报页面,点击左侧菜单【专利权人简报】–【职务专利分析】,打开职务专利分析页面。

在查询项中选择简报年份,点击【查询】按钮,下方列表展示相应的数据。点击【重置】按钮,可清空查询项,列表中展示所有数据。

②新增职务专利简报。在职务专利分析页面,点击【新增简报】按钮,弹窗"数据详细信息"。

根据实际情况填写各项信息,点击【确定】按钮,成功新增一个职务专利简报;点击【取消】按钮,放弃新增操作。

③下载职务专利简报。在职务专利分析页面,点击职务专利简报信息后的【下载】按钮,可将职务专利简报下载到本地。

④删除职务专利简报。在职务专利分析页面,点击职务专利简报信息后的【删除】按钮,弹窗"是否删除该简报?"。

点击【确定】按钮,删除此职务专利简报;点击【取消】按钮,放弃删除操作。

(2)个人专利分析。

①个人专利简报查询。在简报页面,点击左侧菜单【专利权人简报】–【个人专利分析】,打开个人专利分析页面。

在查询项中选择简报年份,点击【查询】按钮,下方列表展示相应的数据。点击【重置】按钮，可清空查询项，列表中展示所有数据。

②新增个人专利简报。在个人专利分析页面，点击【新增简报】按钮，弹窗"数据详细信息"。

根据实际情况填写各项信息，点击【确定】按钮，成功新增一个个人专利简报；点击【取消】按钮，放弃新增操作。

③下载个人专利简报。在个人专利分析页面，点击个人专利简报信息后的【下载】按钮，可将个人专利简报下载到本地。

④删除个人专利简报。在个人专利分析页面，点击个人专利简报信息后的【删除】按钮，弹窗"是否删除该简报？"。

点击【确定】按钮，删除此个人专利简报；点击【取消】按钮，放弃删除操作。

（3）大专院校分析。

①大专院校专利简报查询。在简报页面，点击左侧菜单【专利权人简报】–【大专院校分析】，打开大专院校分析页面。

在查询项中选择简报年份，点击【查询】按钮，下方列表展示相应的数据。点击【重置】按钮可清空查询项，列表中展示所有数据。

②新增大专院校专利简报。在大专院校分析页面，点击【新增简报】按钮，弹窗"数据详细信息"。

根据实际情况填写各项信息，点击【确定】按钮，成功新增一个大专院校专利简报；点击【取消】按钮，放弃新增操作。

③下载大专院校专利简报。在大专院校分析页面，点击大专院校专利简报信息后的【下载】按钮，可将大专院校专利简报下载到本地。

④删除大专院校专利简报。在大专院校分析页面，点击大专院校专利简报信息后的【删除】按钮，弹窗"是否删除该简报？"。

点击【确定】按钮，删除此大专院校专利简报；点击【取消】按钮，放弃删除操作。

（4）科研机构分析。

①科研机构专利简报查询。在简报页面，点击左侧菜单【专利权人简报】–【科研机构分析】，打开科研机构分析页面。

在查询项中选择简报年份，点击【查询】按钮，下方列表展示相应的数据。点击【重置】按钮，可清空查询项，列表中展示所有数据。

②新增科研机构专利简报。在科研机构分析页面，点击【新增简报】按钮，弹窗"数据详细信息"。

根据实际情况填写各项信息，点击【确定】按钮，成功新增一个科研机构专利简报；点击【取消】按钮，放弃新增操作。

③下载科研机构专利简报。在科研机构分析页面，点击科研机构专利简报信息后的【下载】按钮，可将科研机构专利简报下载到本地。

④删除科研机构专利简报。在科研机构分析页面，点击科研机构专利简报信息后的【删除】按钮，弹窗"是否删除该简报？"。

点击【确定】按钮，删除此科研机构专利简报；点击【取消】按钮，放弃删除操作。

（5）企业分析。

①企业专利简报查询。在简报页面，点击左侧菜单【专利权人简报】-【企业分析】，打开企业分析页面。

在查询项中选择简报年份，点击【查询】按钮，下方列表展示相应的数据。点击【重置】按钮，可清空查询项，列表中展示所有数据。

②新增企业专利简报。在企业分析页面，点击【新增简报】按钮，弹窗"数据详细信息"。

根据实际情况填写各项信息，点击【确定】按钮，成功新增一个企业专利简报；点击【取消】按钮，放弃新增操作。

③下载企业专利简报。在企业分析页面，点击企业专利简报信息后的【下载】按钮，可将企业专利简报下载到本地。

④删除企业专利简报。在企业分析页面，点击企业专利简报信息后的【删除】按钮，弹窗"是否删除该简报？"。

点击【确定】按钮，删除此企业专利简报；点击【取消】按钮，放弃删除操作。

（6）事业单位分析。

①事业单位专利简报查询。在简报页面，点击左侧菜单【专利权人简报】-【事业单位分析】，打开事业单位分析页面。

在查询项中选择简报年份，点击【查询】按钮，下方列表展示相应的数据。点击【重置】按钮，可清空查询项，列表中展示所有数据。

②新增事业单位专利简报。在事业单位分析页面，点击【新增简报】按钮，弹窗"数据详细信息"。

根据实际情况填写各项信息，点击【确定】按钮，成功新增一个事业单位专利简报；点击【取消】按钮，放弃新增操作。

③下载事业单位专利简报。在事业单位分析页面，点击事业单位专利简

报信息后的【下载】按钮，可将事业单位专利简报下载到本地。

④删除事业单位专利简报。在事业单位分析页面，点击事业单位专利简报信息后的【删除】按钮，弹窗"是否删除该简报？"。

点击【确定】按钮，删除此事业单位专利简报；点击【取消】按钮，放弃删除操作。

（七）年报

年报模块实现年度统计年报的数据生成、查看、导出、重新生成，依照已经定义好的模板生成各项年报报表。

点击页面上方导航菜单【年报】，打开"年报管理"页面。

1. 生成年报

在年报管理页面，选择年份、排名数量等信息后，点击【生成年报】按钮，在列表中产生一条年报记录。

2. 下载年报

在年报管理页面，点击某条年报信息后的【下载】按钮，可将年报数据下载到本地。

3. 年报查看

在年报管理页面，点击某条年报信息后的【查看】按钮，打开"年报"页面。

（1）历年全省专利申请、授权情况。

①历年河北省专利申请情况。

a. 统计表。在年报管理页面，点击左侧菜单【1. 历年全省专利申请、授权情况】-【1985—2019 年河北省专利申请情况】，可以查看 1985—2019 年河北省专利申请情况统计表。

b. 统计图。点击"统计图"标签，可以查看 1985-2019 年河北省专利申请情况统计图。

c. 下载统计表。在统计表页面，点击右上角【单页下载】按钮，下载统计表到本地。

d. 下载统计图。在统计图页面，点击图形右上角的【下载】按钮，下载统计图到本地。

②历年河北省专利授权情况。

a. 统计表。在年报管理页面，点击左侧菜单【1. 历年全省专利申请、授权情况】-【1985—2019 年河北省专利授权情况】，可以查看 1985—2019 年河北省专利授权情况统计表。

b. 统计图。点击"统计图"标签，可以查看 1985–2019 年河北省专利授权情况统计图。

c. 下载统计表。在统计表页面，点击右上角【单页下载】按钮，下载统计表到本地。

d. 下载统计图。在统计图页面，点击图形右上角的【下载】按钮，下载统计图到本地。

（2）本年全省各月专利申请、授权情况。

①本年河北省各月专利申请状况。

a. 统计表。在年报管理页面，点击左侧菜单【2. 本年全省各月专利申请、授权情况】–【2019 年河北省各月专利申请状况】，可以查看 2019 年河北省各月专利申请状况统计表。

b. 统计图。点击"统计图"标签，可以查看 2019 年河北省各月专利申请状况统计图。

c. 下载统计表。在统计表页面，点击右上角【单页下载】按钮，下载统计表到本地。

d. 下载统计图。在统计图页面，点击图形右上角的【下载】按钮，下载统计图到本地。

②本年河北省各月专利授权状况。

a. 统计表。在年报管理页面，点击左侧菜单【2. 本年全省各月专利申请、授权情况】–【2019 年河北省各月专利授权状况】，可以查看 2019 年河北省各月专利授权状况统计表。

b. 统计图。点击"统计图"标签，可以查看 2019 年河北省各月专利授权状况统计图。

c. 下载统计表。在统计表页面，点击右上角【单页下载】按钮，下载统计表到本地。

d. 下载统计图。在统计图页面，点击图形右上角的【下载】按钮，下载统计图到本地。

（3）历年各市专利申请、授权情况。

①历年石家庄市专利申请、授权状况。

a. 统计表。在年报管理页面，点击左侧菜单【3. 历年各市专利申请、授权情况】–【1.1985—2019 年石家庄市专利申请、授权状况】，可以查看 1985—2019 年石家庄市专利申请、授权状况统计表。

b.下载统计表。在统计表页面，点击右上角【单页下载】按钮，下载统计表到本地。

②历年承德市专利申请、授权状况。

a.统计表。在年报管理页面，点击左侧菜单【3.历年各市专利申请、授权情况】-【2.1985—2019年承德市专利申请、授权状况】，可以查看1985—2019年承德市专利申请、授权状况统计表。

b.下载统计表。在统计表页面，点击右上角【单页下载】按钮，下载统计表到本地。

③历年张家口市专利申请、授权状况。

a.统计表。在年报管理页面，点击左侧菜单【3.历年各市专利申请、授权情况】-【3.1985—2019年张家口市专利申请、授权状况】，可以查看1985—2019年张家口市专利申请、授权状况统计表。

b.下载统计表。在统计表页面，点击右上角【单页下载】按钮，下载统计表到本地。

④历年秦皇岛市专利申请、授权状况。

a.统计表。在年报管理页面，点击左侧菜单【3.历年各市专利申请、授权情况】-【4.1985—2019年秦皇岛市专利申请、授权状况】，可以查看1985—2019年秦皇岛市专利申请、授权状况统计表。

b.下载统计表。在统计表页面，点击右上角【单页下载】按钮，下载统计表到本地。

⑤历年唐山市专利申请、授权状况。

a.统计表。在年报管理页面，点击左侧菜单【3.历年各市专利申请、授权情况】-【5.1985—2019年唐山市专利申请、授权状况】，可以查看1985—2019年唐山市专利申请、授权状况统计表。

b.下载统计表。在统计表页面，点击右上角【单页下载】按钮，下载统计表到本地。

⑥历年廊坊市专利申请、授权状况。

a.统计表。在年报管理页面，点击左侧菜单【3.历年各市专利申请、授权情况】-【6.1985—2019年廊坊市专利申请、授权状况】，可以查看1985—2019年廊坊市专利申请、授权状况统计表。

b.下载统计表。在统计表页面，点击右上角【单页下载】按钮，下载统计表到本地。

⑦历年保定市专利申请、授权状况。

a.统计表。在年报管理页面，点击左侧菜单【3.历年各市专利申请、授权情况】-【7.1985—2019年保定市专利申请、授权状况】，可以查看1985—2019年保定市专利申请、授权状况统计表。

b.下载统计表。在统计表页面，点击右上角【单页下载】按钮，下载统计表到本地。

⑧历年沧州市专利申请、授权状况。

a.统计表。在年报管理页面，点击左侧菜单【3.历年各市专利申请、授权情况】-【8.1985—2019年沧州市专利申请、授权状况】，可以查看1985—2019年沧州市专利申请、授权状况统计表。

b.下载统计表。在统计表页面，点击右上角【单页下载】按钮，下载统计表到本地。

⑨历年衡水市专利申请、授权状况。

a.统计表。在年报管理页面，点击左侧菜单【3.历年各市专利申请、授权情况】-【9.1985—2019年衡水市专利申请、授权状况】，可以查看1985—2019年衡水市专利申请、授权状况统计表。

b.下载统计表。在统计表页面，点击右上角【单页下载】按钮，下载统计表到本地。

⑩历年邢台市专利申请、授权状况。

a.统计表。在年报管理页面，点击左侧菜单【3.历年各市专利申请、授权情况】-【10.1985—2019年邢台市专利申请、授权状况】，可以查看1985—2019年邢台市专利申请、授权状况统计表。

b.下载统计表。在统计表页面，点击右上角【单页下载】按钮，下载统计表到本地。

⑪历年邯郸市专利申请、授权状况。

a.统计表。在年报管理页面，点击左侧菜单【3.历年各市专利申请、授权情况】-【11.1985—2019年邯郸市专利申请、授权状况】，可以查看1985—2019年邯郸市专利申请、授权状况统计表。

b.下载统计表。在统计表页面，点击右上角【单页下载】按钮，下载统计表到本地。

⑫历年辛集市专利申请、授权状况。

a.统计表。在年报管理页面，点击左侧菜单【3.历年各市专利申请、授权情况】-【12.1985—2019年辛集市专利申请、授权状况】，可以查看1985—2019年辛集市专利申请、授权状况统计表。

b.下载统计表。在统计表页面，点击右上角【单页下载】按钮，下载统计表到本地。

⑬历年定州市专利申请、授权状况。

a.统计表。在年报管理页面，点击左侧菜单【3.历年各市专利申请、授权情况】–【13.1985—2019年定州市专利申请、授权状况】，可以查看1985—2019年定州市专利申请、授权状况统计表。

b.下载统计表。在统计表页面，点击右上角【单页下载】按钮，下载统计表到本地。

⑭历年雄安新区专利申请、授权状况。

a.统计表。在年报管理页面，点击左侧菜单【3.历年各市专利申请、授权情况】–【14.1985—2019年雄安新区专利申请、授权状况】，可以查看1985—2019年雄安新区专利申请、授权状况统计表。

b.下载统计表。在统计表页面，点击右上角【单页下载】按钮，下载统计表到本地。

（4）历年汇总与本年专利申请、授权情况。

①历年河北省各市专利申请及构成。在年报管理页面，点击左侧菜单【4.历年汇总与本年专利申请、授权情况】–【1985—2019年河北省各市专利申请及构成】，可以查看1985—2019年河北省各市专利申请及构成统计表。

点击"统计图"标签，可以查看1985—2019年河北省各市专利申请及构成统计图。

在统计表页面，点击右上角【单页下载】按钮，下载统计表到本地。

在统计图页面，点击图形右上角的【下载】按钮，下载统计图到本地。

②历年河北省各市专利授权及构成。在年报管理页面，点击左侧菜单【4.历年汇总与本年专利申请、授权情况】–【1985—2019年河北省各市专利授权及构成】，可以查看1985—2019年河北省各市专利授权及构成统计表。

点击"统计图"标签，可以查看1985—2019年河北省各市专利授权及构成统计图。

在统计表页面，点击右上角【单页下载】按钮，下载统计表到本地。

在统计图页面，点击图形右上角的【下载】按钮，下载统计图到本地。

③本年河北省各市（含辛集定州雄安）专利申请及构成。在年报管理页面，点击左侧菜单【4.历年汇总与本年专利申请、授权情况】–【2019年河北省各市（含辛集定州雄安）专利申请及构成】，可以查看2019年河北省各市

（含辛集定州雄安）专利申请及构成统计表。

点击"统计图"标签，可以查看 2019 年河北省各市专利申请及构成统计图。

在统计表页面，点击右上角【单页下载】按钮，下载统计表到本地。

在统计图页面，点击图形右上角的【下载】按钮，下载统计图到本地。

④历年河北省各市（含辛集定州雄安）专利授权及构成。在年报管理页面，点击左侧菜单【4.历年汇总与本年专利申请、授权情况】–【2019 年河北省各市（含辛集定州雄安）专利授权及构成】，可以查看 2019 年河北省各市（含辛集定州雄安）专利授权及构成统计表。

点击"统计图"标签，可以查看 2019 年河北省各市（含辛集定州雄安）专利授权及构成统计图。

在统计表页面，点击右上角【单页下载】按钮，下载统计表到本地。

在统计图页面，点击图形右上角的【下载】按钮，下载统计图到本地。

（5）本年专利职务申请与授权情况。

①本年河北省各市发明专利职务申请量。在年报管理页面，点击左侧菜单【5.本年专利职务申请与授权情况】–【2019 年河北省各市发明专利职务申请量】，可以查看 2019 年河北省各市发明专利职务申请量统计表。

在统计表页面，点击右上角【单页下载】按钮，下载统计表到本地。

②本年河北省各市实用新型专利职务申请量。在年报管理页面，点击左侧菜单【5.本年专利职务申请与授权情况】–【2019 年河北省各市实用新型专利职务申请量】，可以查看 2019 年河北省各市实用新型专利职务申请量统计表。

在统计表页面，点击右上角【单页下载】按钮，下载统计表到本地。

③ 2019 年河北省各市外观设计专利职务申请量。在年报管理页面，点击左侧菜单【5.本年专利职务申请与授权情况】–【2019 年河北省各市外观设计专利职务申请量】，可以查看 2019 年河北省各市外观设计专利职务申请量统计表。

在统计表页面，点击右上角【单页下载】按钮，下载统计表到本地。

④本年河北省各市发明专利职务授权量。在年报管理页面，点击左侧菜单【5.本年专利职务申请与授权情况】–【2019 年河北省各市发明专利职务授权量】，可以查看 2019 年河北省各市发明专利职务授权量统计表。

在统计表页面，点击右上角【单页下载】按钮，下载统计表到本地。

⑤本年河北省各市实用新型专利职务授权量。在年报管理页面，点击左

侧菜单【5.本年专利职务申请与授权情况】-【2019 年河北省各市实用新型专利职务授权量】，可以查看 2019 年河北省各市实用新型专利职务授权量统计表。

在统计表页面，点击右上角【单页下载】按钮，下载统计表到本地。

⑥本年河北省各市外观设计专利职务授权量。在年报管理页面，点击左侧菜单【5.本年专利职务申请与授权情况】-【2019 年河北省各市外观设计专利职务授权量】，可以查看 2019 年河北省各市外观设计专利职务授权量统计表。

在统计表页面，点击右上角【单页下载】按钮，下载统计表到本地。

（6）本年专利权人申请与授权情况。

①本年河北省各市大专院校三种类型专利申请量。在年报管理页面，点击左侧菜单【6.本年专利权人申请与授权情况】-【2019 年河北省各市大专院校三种类型专利申请量】，可以查看 2019 年河北省各市大专院校三种类型专利申请量统计表。

在统计表页面，点击右上角【单页下载】按钮，下载统计表到本地。

②本年河北省各市科研机构三种类型专利申请量。在年报管理页面，点击左侧菜单【6.本年专利权人申请与授权情况】-【2019 年河北省各市科研机构三种类型专利申请量】，可以查看 2019 年河北省各市科研机构三种类型专利申请量统计表。

在统计表页面，点击右上角【单页下载】按钮，下载统计表到本地。

③本年河北省各市企业三种类型专利申请量。在年报管理页面，点击左侧菜单【6.本年专利权人申请与授权情况】-【2019 年河北省各市企业三种类型专利申请量】，可以查看 2019 年河北省各市企业三种类型专利申请量统计表。

在统计表页面，点击右上角【单页下载】按钮，下载统计表到本地。

④本年河北省各市事业单位三种类型专利申请量。在年报管理页面，点击左侧菜单【6.本年专利权人申请与授权情况】-【2019 年河北省各市事业单位三种类型专利申请量】，可以查看 2019 年河北省各市事业单位三种类型专利申请量统计表。

在统计表页面，点击右上角【单页下载】按钮，下载统计表到本地。

⑤本年河北省各市大专院校三种类型专利授权量。在年报管理页面，点击左侧菜单【6.本年专利权人申请与授权情况】-【2019 年河北省各市大专院校三种类型专利授权量】，可以查看 2019 年河北省各市大专院校三种类型专

利授权量统计表。

在统计表页面，点击右上角【单页下载】按钮，下载统计表到本地。

⑥本年河北省各市科研机构三种类型专利授权量。在年报管理页面，点击左侧菜单【6.本年专利权人申请与授权情况】–【2019年河北省各市科研机构三种类型专利授权量】，可以查看2019年河北省各市科研机构三种类型专利授权量统计表。

在统计表页面，点击右上角【单页下载】按钮，下载统计表到本地。

⑦本年河北省各市企业三种类型专利授权量。在年报管理页面，点击左侧菜单【6.本年专利权人申请与授权情况】–【2019年河北省各市企业三种类型专利授权量】，可以查看2019年河北省各市企业三种类型专利授权量统计表。

在统计表页面，点击右上角【单页下载】按钮，下载统计表到本地。

⑧本年河北省各市事业单位三种类型专利授权量。在年报管理页面，点击左侧菜单【6.本年专利权人申请与授权情况】–【2019年河北省各市事业单位三种类型专利授权量】，可以查看2019年河北省各市事业单位三种类型专利授权量统计表。

在统计表页面，点击右上角【单页下载】按钮，下载统计表到本地。

（7）历年各市所辖县专利申请与授权情况。

①历年石家庄市及所辖县（市）专利申请情况。在年报管理页面，点击左侧菜单【7.历年各市所辖县专利申请与授权情况】–【1.1985—2019年石家庄市及所辖县（市）专利申请情况】，可以查看1985—2019年石家庄市及所辖县（市）专利申请情况统计表。

在统计表页面，点击右上角【单页下载】按钮，下载统计表到本地。

②历年石家庄市及所辖县（市）专利授权情况。在年报管理页面，点击左侧菜单【7.历年各市所辖县专利申请与授权情况】–【2.1985—2019年石家庄市及所辖县（市）专利授权情况】，可以查看1985—2019年石家庄市及所辖县（市）专利授权情况统计表。

在统计表页面，点击右上角【单页下载】按钮，下载统计表到本地。

③历年承德市及所辖县（市）专利申请情况。在年报管理页面，点击左侧菜单【7.历年各市所辖县专利申请与授权情况】–【3.1985—2019年承德市及所辖县（市）专利申请情况】，可以查看1985—2019年承德市及所辖县（市）专利申请情况统计表。

在统计表页面，点击右上角【单页下载】按钮，下载统计表到本地。

④历年承德市及所辖县（市）专利授权情况。在年报管理页面，点击左侧菜单【7.历年各市所辖县专利申请与授权情况】-【4.1985—2019年承德市及所辖县（市）专利授权情况】，可以查看1985—2019年承德市及所辖县（市）专利授权情况统计表。

在统计表页面，点击右上角【单页下载】按钮，下载统计表到本地。

⑤历年张家口市及所辖县（市）专利申请情况。在年报管理页面，点击左侧菜单【7.历年各市所辖县专利申请与授权情况】-【5.1985—2019年张家口市及所辖县（市）专利申请情况】，可以查看1985—2019年张家口市及所辖县（市）专利申请情况统计表。

在统计表页面，点击右上角【单页下载】按钮，下载统计表到本地。

⑥历年张家口市及所辖县（市）专利授权情况。在年报管理页面，点击左侧菜单【7.历年各市所辖县专利申请与授权情况】-【6.1985—2019年张家口市及所辖县（市）专利授权情况】，可以查看1985—2019年张家口市及所辖县（市）专利授权情况统计表。

在统计表页面，点击右上角【单页下载】按钮，下载统计表到本地。

⑦历年秦皇岛市及所辖县（市）专利申请情况。在年报管理页面，点击左侧菜单【7.历年各市所辖县专利申请与授权情况】-【7.1985—2019年秦皇岛市及所辖县（市）专利申请情况】，可以查看1985—2019年秦皇岛市及所辖县（市）专利申请情况统计表。

在统计表页面，点击右上角【单页下载】按钮，下载统计表到本地。

⑧历年秦皇岛市及所辖县（市）专利授权情况。在年报管理页面，点击左侧菜单【7.历年各市所辖县专利申请与授权情况】-【8.1985—2019年秦皇岛市及所辖县（市）专利授权情况】，可以查看1985—2019年秦皇岛市及所辖县（市）专利授权情况统计表。

在统计表页面，点击右上角【单页下载】按钮，下载统计表到本地。

⑨历年唐山市及所辖县（市）专利申请情况。在年报管理页面，点击左侧菜单【7.历年各市所辖县专利申请与授权情况】-【9.1985—2019年唐山市及所辖县（市）专利申请情况】，可以查看1985—2019年唐山市及所辖县（市）专利申请情况统计表。

在统计表页面，点击右上角【单页下载】按钮，下载统计表到本地。

⑩历年唐山市及所辖县（市）专利授权情况。在年报管理页面，点击左侧菜单【7.历年各市所辖县专利申请与授权情况】-【10.1985—2019年唐山市及所辖县（市）专利授权情况】，可以查看1985—2019年唐山市及所辖县（市）

专利授权情况统计表。

在统计表页面，点击右上角【单页下载】按钮，下载统计表到本地。

⑪历年廊坊市及所辖县（市）专利申请情况。在年报管理页面，点击左侧菜单【7.历年各市所辖县专利申请与授权情况】–【11.1985—2019年廊坊市及所辖县（市）专利申请情况】，可以查看1985—2019年廊坊市及所辖县（市）专利申请情况统计表。

在统计表页面，点击右上角【单页下载】按钮，下载统计表到本地。

⑫历年廊坊市及所辖县（市）专利授权情况。在年报管理页面，点击左侧菜单【7.历年各市所辖县专利申请与授权情况】–【12.1985—2019年廊坊市及所辖县（市）专利授权情况】，可以查看1985—2019年廊坊市及所辖县（市）专利授权情况统计表。

在统计表页面，点击右上角【单页下载】按钮，下载统计表到本地。

⑬历年保定市及所辖县（市）专利申请情况。在年报管理页面，点击左侧菜单【7.历年各市所辖县专利申请与授权情况】–【13.1985—2019年保定市及所辖县（市）专利申请情况】，可以查看1985—2019年保定市及所辖县（市）专利申请情况统计表。

在统计表页面，点击右上角【单页下载】按钮，下载统计表到本地。

⑭历年保定市及所辖县（市）专利授权情况。在年报管理页面，点击左侧菜单【7.历年各市所辖县专利申请与授权情况】–【14.1985—2019年保定市及所辖县（市）专利授权情况】，可以查看1985—2019年保定市及所辖县（市）专利授权情况统计表。

在统计表页面，点击右上角【单页下载】按钮，下载统计表到本地。

⑮历年沧州市及所辖县（市）专利申请情况。在年报管理页面，点击左侧菜单【7.历年各市所辖县专利申请与授权情况】–【15.1985—2019年沧州市及所辖县（市）专利申请情况】，可以查看1985—2019年沧州市及所辖县（市）专利申请情况统计表。

在统计表页面，点击右上角【单页下载】按钮，下载统计表到本地。

⑯历年沧州市及所辖县（市）专利授权情况。在年报管理页面，点击左侧菜单【7.历年各市所辖县专利申请与授权情况】–【16.1985—2019年沧州市及所辖县（市）专利授权情况】，可以查看1985—2019年沧州市及所辖县（市）专利授权情况统计表。

在统计表页面，点击右上角【单页下载】按钮，下载统计表到本地。

⑰历年衡水市及所辖县（市）专利申请情况。在年报管理页面，点击左侧

菜单【7. 历年各市所辖县专利申请与授权情况】－【17.1985—2019 年衡水市及所辖县（市）专利申请情况】，可以查看1985—2019 年衡水市及所辖县（市）专利申请情况统计表。

在统计表页面，点击右上角【单页下载】按钮，下载统计表到本地。

⑱历年衡水市及所辖县（市）专利授权情况。在年报管理页面，点击左侧菜单【7. 历年各市所辖县专利申请与授权情况】－【18.1985—2019 年衡水市及所辖县（市）专利授权情况】，可以查看1985—2019 年衡水市及所辖县（市）专利授权情况统计表。

在统计表页面，点击右上角【单页下载】按钮，下载统计表到本地。

⑲历年邢台市及所辖县（市）专利申请情况。在年报管理页面，点击左侧菜单【7. 历年各市所辖县专利申请与授权情况】－【19.1985—2019 年邢台市及所辖县（市）专利申请情况】，可以查看1985—2019 年邢台市及所辖县（市）专利申请情况统计表。

在统计表页面，点击右上角【单页下载】按钮，下载统计表到本地。

⑳历年邢台市及所辖县（市）专利授权情况。在年报管理页面，点击左侧菜单【7. 历年各市所辖县专利申请与授权情况】－【20.1985—2019 年邢台市及所辖县（市）专利授权情况】，可以查看1985—2019 年邢台市及所辖县（市）专利授权情况统计表。

在统计表页面，点击右上角【单页下载】按钮，下载统计表到本地。

㉑历年邯郸市及所辖县（市）专利申请情况。在年报管理页面，点击左侧菜单【7. 历年各市所辖县专利申请与授权情况】－【21.1985—2019 年邯郸市及所辖县（市）专利申请情况】，可以查看1985—2019 年邯郸市及所辖县（市）专利申请情况统计表。

在统计表页面，点击右上角【单页下载】按钮，下载统计表到本地。

㉒历年邯郸市及所辖县（市）专利授权情况。在年报管理页面，点击左侧菜单【7. 历年各市所辖县专利申请与授权情况】－【22.1985—2019 年邯郸市及所辖县（市）专利授权情况】，可以查看1985—2019 年邯郸市及所辖县（市）专利授权情况统计表。

在统计表页面，点击右上角【单页下载】按钮，下载统计表到本地。

㉓历年辛集市及所辖县（市）专利申请情况。在年报管理页面，点击左侧菜单【7. 历年各市所辖县专利申请与授权情况】－【23.1985—2019 年辛集市及所辖县（市）专利申请情况】，可以查看1985—2019 年辛集市及所辖县（市）专利申请情况统计表。

在统计表页面，点击右上角【单页下载】按钮，下载统计表到本地。

㉔历年辛集市及所辖县（市）专利授权情况。在年报管理页面，点击左侧菜单【7. 历年各市所辖县专利申请与授权情况】−【24.1985—2019 年辛集市及所辖县（市）专利授权情况】，可以查看 1985—2019 年辛集市及所辖县（市）专利授权情况统计表。

在统计表页面，点击右上角【单页下载】按钮，下载统计表到本地。

㉕历年定州市及所辖县（市）专利申请情况。在年报管理页面，点击左侧菜单【7. 历年各市所辖县专利申请与授权情况】−【25.1985—2019 年定州市及所辖县（市）专利申请情况】，可以查看 1985—2019 年定州市及所辖县（市）专利申请情况统计表。

在统计表页面，点击右上角【单页下载】按钮，下载统计表到本地。

㉖历年定州市及所辖县（市）专利授权情况。在年报管理页面，点击左侧菜单【7. 历年各市所辖县专利申请与授权情况】−【26.1985—2019 年定州市及所辖县（市）专利授权情况】，可以查看 1985—2019 年定州市及所辖县（市）专利授权情况统计表。

在统计表页面，点击右上角【单页下载】按钮，下载统计表到本地。

㉗历年雄安新区专利申请情况。在年报管理页面，点击左侧菜单【7. 历年各市所辖县专利申请与授权情况】−【27.1985—2019 年雄安新区专利申请情况】，可以查看 1985—2019 年雄安新区专利申请情况统计表。

在统计表页面，点击右上角【单页下载】按钮，下载统计表到本地。

㉘历年雄安新区专利授权情况。在年报管理页面，点击左侧菜单【7. 历年各市所辖县专利申请与授权情况】−【28.1985—2019 年雄安新区专利授权情况】，可以查看 1985—2019 年雄安新区专利授权情况统计表。

在统计表页面，点击右上角【单页下载】按钮，下载统计表到本地。

（8）本年各市万人发明专利拥有量。在年报管理页面，点击左侧菜单【8. 本年各市万人发明专利拥有量】−【2019 年河北省各市（含定州辛集雄安）万人发明专利拥有量】，可以查看 2019 年河北省各市（含定州辛集雄安）万人发明专利拥有量统计表。

在统计表页面，点击右上角【单页下载】按钮，下载统计表到本地。

（9）本年县级专利申请、授权、有效排行。

①本年河北省各县（市）专利申请前 20 名排行。在年报管理页面，点击左侧菜单【9. 本年县级专利申请、授权、有效排行】−【2019 年河北省各县（市）专利申请前 20 名排行】，可以查看 2019 年河北省各县（市）专利申请

前 20 名排行统计表。

在统计表页面，点击右上角【单页下载】按钮，下载统计表到本地。

②本年河北省各县（市）专利授权前 20 名排行。在年报管理页面，点击左侧菜单【9. 本年县级专利申请、授权、有效排行】-【2019 年河北省各县（市）专利授权前 20 名排行】，可以查看 2019 年河北省各县（市）专利授权前 20 名排行统计表。

在统计表页面，点击右上角【单页下载】按钮，下载统计表到本地。

（10）本年职务和个人分类排行。

①本年全省大专院校专利授权前 10 名排行。在年报管理页面，点击左侧菜单【10. 本年职务和个人分类排行】-【2019 年全省大专院校专利授权前 10 名排行】，可以查看 2019 年全省大专院校专利授权前 10 名排行统计表。

在统计表页面，点击右上角【单页下载】按钮，下载统计表到本地。

②本年全省科研机构专利授权前 10 名排行。在年报管理页面，点击左侧菜单【10. 本年职务和个人分类排行】-【2019 年全省科研机构专利授权前 10 名排行】，可以查看 2019 年全省科研机构专利授权前 10 名排行统计表。

在统计表页面，点击右上角【单页下载】按钮，下载统计表到本地。

③本年全省企业专利授权前 10 名排行。在年报管理页面，点击左侧菜单【10. 本年职务和个人分类排行】-【2019 年全省企业专利授权前 10 名排行】，可以查看 2019 年全省企业专利授权前 10 名排行统计表。

在统计表页面，点击右上角【单页下载】按钮，下载统计表到本地。

④本年全省事业单位专利授权前 10 名排行。在年报管理页面，点击左侧菜单【10. 本年职务和个人分类排行】-【2019 年全省事业单位专利授权前 10 名排行】，可以查看 2019 年全省事业单位专利授权前 10 名排行统计表。

在统计表页面，点击右上角【单页下载】按钮，下载统计表到本地。

⑤本年全省个人（个人）专利授权前 10 名排行。在年报管理页面，点击左侧菜单【10. 本年职务和个人分类排行】-【2019 年全省个人（个人）专利授权前 10 名排行】，可以查看 2019 年全省个人（个人）专利授权前 10 名排行统计表。

在统计表页面，点击右上角【单页下载】按钮，下载统计表到本地。

（11）商标数据情况。

①河北省各市注册商标数量统计。在年报管理页面，点击左侧菜单【11. 商标数据情况】-【河北省各市注册商标数量统计】，可以查看河北省各市注册商标数量统计表。

在统计表页面，点击右上角【单页下载】按钮，下载统计表到本地。

②河北省各市驰名商标数量统计。在年报管理页面，点击左侧菜单【11.商标数据情况】–【河北省各市驰名商标数量统计】，可以查看河北省各市驰名商标数量统计表。

在统计表页面，点击右上角【单页下载】按钮，下载统计表到本地。

③河北省各市地理标志商标数量统计。在年报管理页面，点击左侧菜单【11.商标数据情况】–【河北省各市地理标志商标数量统计】，可以查看河北省各市地理标志商标数量统计表。

在统计表页面，点击右上角【单页下载】按钮，下载统计表到本地。

（12）河北省地理标志产品。在年报管理页面，点击左侧菜单【12.河北省地理标志产品】–【地理标志产品数据情况】，可以查看地理标志产品数据情况统计表。

在统计表页面，点击右上角【单页下载】按钮，下载统计表到本地。

（八）集成电路统计

集成电路设计模块，主要包含数据导入、手工录入、结果导出等功能。

点击页面上方导航菜单【集成电路统计】，打开"集成电路统计管理"页面。

1. 数据导入

在集成电路统计管理页面，点击【数据导入】按钮，弹窗"数据导入"。选择文件上传后，可将数据批量导入系统。

2. 手工录入

在集成电路统计管理页面，点击【手工录入】按钮，弹窗"手工录入"。填写各项信息后，点击【确定】按钮，可成功添加信息；点击【取消】按钮，放弃录入操作。

3. 结果导出

在集成电路统计管理页面，点击【结果导出】按钮，可将列表中的信息导出到本地。

（九）系统管理

系统管理模块，主要是显示本省各个行政区划信息、历年数据信息、人口数据信息、专利数据，并对用户和角色进行管理。

点击页面上方导航菜单【系统管理】，打开"系统管理"页面。

1. 区划设置

（1）区划查询。在系统管理页面，点击左侧菜单【区划设置】，打开区划设置页面，在查询框中输入查询内容，下方树形区划结构展示对应的信息。

（2）区划查看。在区划设置页面，点击左侧树形区划的名称，右侧列表展示其包含的所有的区划信息。

单击列表下方的翻页，可查看更多信息。

（3）区划编辑。在区划设置页面，点击右侧列表中区划信息后的【编辑】按钮，弹窗"编辑页面"。

根据实际情况，编辑各项信息后，点击【确定】按钮，保存编辑信息；点击【取消】按钮，放弃编辑操作。

（4）区划顺序调整。在区划设置页面，点击右侧列表中区划信息后的上下移动按钮，可调整区划顺序。

2. 历年数据设置

（1）全省历年数据。在系统管理页面，点击左侧菜单【历年数据设置】-【全省历年数据】，打开"全省历年数据"页面，可查看全省历年数据。

在全省历年数据页面，点击某条数据后的【编辑】按钮，打开对应年份的"全省历年数据编辑页面"。

根据实际情况编辑各项信息，点击【保存】按钮，成功编辑此数据；点击【取消】按钮，放弃编辑操作。

（2）各市历年数据。在系统管理页面，点击左侧菜单【历年数据设置】-【各市历年数据】，打开"各市历年数据"页面，点击左侧的名称可查看对应城市的历年数据。

在各市历年数据页面，点击某条数据后的【编辑】按钮，打开对应年份的"各市历年数据编辑页面"。

根据实际情况编辑各项信息，点击【保存】按钮，成功编辑此数据；点击【取消】按钮，放弃编辑操作。

（3）各县历年数据。在系统管理页面，点击左侧菜单【历年数据设置】-【各县历年数据】，打开"各县历年数据"页面，点击左侧的名称，选择申请/授权信息，可查看对应城市所辖区县的历年申请/授权数据。

可根据实际情况编辑各项数据。

3. 人口数据录入

在系统管理页面，点击左侧菜单【人口数据录入】，打开"人口数据录入"页面，选择年份，可录入各地人口数据。

也可选择【数据导入】功能，批量导入人口数据。

4. 全国专利数据录入

（1）全国数据采集。在系统管理页面，点击左侧菜单【全国专利数据录入】，打开"全国专利数据录入"页面。

点击【全国数据采集】按钮，打开"全国专利数据录入编辑页面"。

选择年份、月份、录入方式后，可以进行数据的录入，录入完成后在页面最下方点击【创建】按钮，完成对应年份月份的录入操作；点击【取消】按钮，放弃录入操作。

（2）查看数据。在全国专利数据录入页面，选择年份和月份后，右侧展示对应的信息。

（3）编辑数据。在全国专利数据录入页面，点击月份信息后的【编辑】按钮，在全国专利数据录入编辑页面，可以编辑对应月份的信息。

（4）删除数据。在全国专利数据录入页面，点击月份信息后的【删除】按钮，可以删除对应月份的信息。

5. 用户角色管理

（1）用户管理。

①用户查询。在系统管理页面，点击左侧菜单【用户角色管理】-【用户管理】，打开用户管理页面。

在查询项中输入用户名，点击【查询】按钮，下方列表展示相应的数据。点击【重置】按钮可清空查询项，列表中展示所有数据。

②新建用户。在用户管理页面，点击【新建】按钮，打开新建页面。

根据实际情况填写各项信息，点击【保存】按钮，成功创建一个新用户；点击【取消】按钮，放弃新建操作。

③编辑用户。在用户管理页面，点击用户信息后的【编辑】按钮，打开"用户编辑"页面。

根据实际情况修改各项信息，点击【保存】按钮，成功编辑用户信息；点击【取消】按钮，放弃编辑操作。

④删除用户。在用户管理页面，点击用户信息后的【删除】按钮，弹窗"是否删除该用户，是否继续？"。

点击【确定】按钮，删除此用户；点击【取消】按钮，放弃删除操作。

（2）角色管理。

①角色查询。在系统管理页面，点击左侧菜单【用户角色管理】-【角色管理】，打开角色管理页面。

在查询项中输入角色名，点击【查询】按钮，下方列表展示相应的数据。点击【重置】按钮可清空查询项，列表中展示所有数据。

②新建角色。在角色管理页面，点击【新建】按钮，打开新建页面。

根据实际情况填写各项信息，点击【保存】按钮，成功创建一个新角色；点击【返回】按钮，放弃新建操作。

③编辑角色。在角色管理页面，点击角色信息后的【编辑】按钮，打开"角色编辑"页面。

根据实际情况修改各项信息，点击【保存】按钮，成功编辑角色信息；点击【返回】按钮，放弃编辑操作。

④删除角色。在角色管理页面，点击角色信息后的【删除】按钮，弹窗"是否删除该角色？"。

点击【确定】按钮，删除此角色；点击【取消】按钮，放弃删除操作。

四、成果

共完成了首页、数据管理、专利统计、商标统计、分类统计、简报、年报、集成电路统计、系统管理子系统28个功能模块135个页面制作，完成121个统计表，62个统计图；后端Java代码38 226行、前端Vue代码50 999行，累计89 225行代码。

（一）归集数据

对全省2013年至2020年专利数据、商标数据、地理标志产品数据进行了梳理分析，共计超过142万数据，主要如下：

专利申请数据 – 国家局提供 – 格式Excel入库量101 275；

专利授权数据 – 国家局提供 – 格式Excel入库量57 808；

专利有效数据 – 国家局提供 – 格式Excel入库量58 851；

专利PCT数据 – 国家局提供 – 格式Excel入库量398；

注册商标数据 – 格式Oracle数据库导入入库量1 200 867；

驰名商标数据 – 格式Excel导入入库量502；

地理标志商标数据 – 格式Excel导入入库量365；

地理标志产品数据 – 格式Excel入库量79。

（二）统计图表列表

统计图表如表5–3所示。

表5-3统计图表列表

一级栏目	二级栏目	三级栏目
专利统计	申请与授权统计	阅读数量统计
		专利比较数量统计
		各市情况统计表
		数据排名统计
		分类数量统计表
		全国数据对比统计
		年度各月统计
	有效发明专利统计	月度数量统计
		比较报表统计
		排名报表统计
		全省各市县统计
		专利增长流式统计
		年度各月统计
		全国数据对比统计
	万人统计	月度数量统计
		比较数量统计
		排名数量统计
		年度各月统计
		全国数据对比统计
		年均增长率统计
	PCT统计	月度数量统计
		比较数量统计

一级栏目	二级栏目	三级栏目
		排名数量统计
		年度各月统计
		全国数据对比统计
	其他数据统计	知识产权数据统计
商标统计	商标数量统计	商标数量统计
	商标分类统计	商标分类统计
	商标比较统计	商标比较统计
	数量排名统计	数量排名统计
分类统计	国民经济行业分类统计	国民经济行业分类统计
	战略新兴产业分类统计	战略新兴产业分类统计
简报	申请授权简报	专利分析
		发明专利分析
		实用新型专利分析
		外观专利分析
	有效、万人、PCT	有效发明专利分析
		万人发明专利分析
		PCT 国际专利分析
	专利权人简报	职务专利分析
		个人专利分析
		大专院校分析
		科研机构分析
		企业分析
		事业单位分析

续 表

一级栏目	二级栏目	三级栏目
2019 年报	历年全省专利申请、授权情况	1985—2019 年河北省专利申请状况
		1985—2019 年河北省专利授权状况
	本年全省各月专利申请、授权情况	2019 年河北省各月专利申请状况
		2019 年河北省各月专利授权状况
2019 年报	历年各市专利申请、授权情况	1.1985—2019 年石家庄市专利申请、授权情况
		2.1985—2019 年承德市专利申请、授权情况
		3.1985—2019 年张家口市专利申请、授权情况
		4.1985—2019 年秦皇岛市专利申请、授权情况
		5.1985—2019 年唐山市专利申请、授权情况
		6.1985—2019 年廊坊市专利申请、授权情况
		7.1985—2019 年保定市专利申请、授权情况
		8.1985—2019 年沧州市专利申请、授权情况
		9.1985—2019 年衡水市专利申请、授权情况
		10.1985—2019 年邢台市专利申请、授权情况
		11.1985—2019 年邯郸市专利申请、授权情况
		12.1985—2019 年辛集市专利申请、授权情况
		13.1985—2019 年定州市专利申请、授权情况
		14.2019 年雄安新区专利申请、授权情况
	历年汇总与本年专利申请、授权情况	1985—2019 年河北省各市专利申请及构成
		1985—2019 年河北省各市专利授权及构成
		2019 年河北省各市（含辛集定州雄安）专利申请及构成
		2019 年河北省各市（含辛集定州雄安）专利授权及构成
	本年专利职务申请与授权情况	2019 年河北省各市发明专利职务申请量

一级栏目	二级栏目	三级栏目
		2019 年河北省各市实用新型专利职务申请量
		2019 年河北省各市外观设计专利职务申请量
		2019 年河北省各市发明专利职务授权量
		2019 年河北省各市实用新型专利职务授权量
		2019 年河北省各市外观设计专利职务授权量
2019 年报	本年专利权人申请与授权情况	2019 年河北省各市大专院校三种类型专利申请量
		2019 年河北省各市科研机构三种类型专利申请量
		2019 年河北省各市企业三种类型专利申请量
		2019 年河北省各市事业单位三种类型专利申请量
		2019 年河北省各市大专院校三种类型专利授权量
		2019 年河北省各市科研机构三种类型专利授权量
		2019 年河北省各市企业三种类型专利授权量
		2019 年河北省各市事业单位三种类型专利授权量
	历年各市所辖县专利申请与授权情况	1.1985—2019 年石家庄市及所辖县（市）专利申请情况
		2.1985—2019 年石家庄市及所辖县（市）专利授权情况
		3.1985—2019 年承德市及所辖县（市）专利申请情况
		4.1985—2019 年承德市及所辖县（市）专利授权情况
		5.1985—2019 年张家口市及所辖县（市）专利申请情况
		6.1985—2019 年张家口市及所辖县（市）专利授权情况
		7.1985—2019 年秦皇岛市及所辖县（市）专利申请情况

一级栏目	二级栏目	三级栏目
2019 年报		8.1985—2019 年秦皇岛市及所辖县（市）专利授权情况
		9.1985—2019 年唐山市及所辖县（市）专利申请情况
		10.1985—2019 年唐山市及所辖县（市）专利授权情况
		11.1985—2019 年廊坊市及所辖县（市）专利申请情况
		12.1985—2019 年廊坊市及所辖县（市）专利授权情况
		13.1985—2019 年保定市及所辖县（市）专利申请情况
		14.1985—2019 年保定市及所辖县（市）专利授权情况
		15.1985—2019 年沧州市及所辖县（市）专利申请情况
		16.1985—2019 年沧州市及所辖县（市）专利授权情况
	历年各市所辖县专利申请与授权情况	17.1985—2019 年衡水市及所辖县（市）专利申请情况
		18.1985—2019 年衡水市及所辖县（市）专利授权情况
		19.1985—2019 年邢台市及所辖县（市）专利申请情况
		20.1985—2019 年邢台市及所辖县（市）专利授权情况
		21.1985—2019 年邯郸市及所辖县（市）专利申请情况
		22.1985—2019 年邯郸市及所辖县（市）专利授权情况

一级栏目	二级栏目	三级栏目
		23.1985—2019 年辛集市及所辖县（市）专利申请情况
		24.1985—2019 年辛集市及所辖县（市）专利授权情况
		25.1985—2019 年定州市及所辖县（市）专利申请情况
		26.1985—2019 年定州市及所辖县（市）专利授权情况
		27.1985—2019 年雄安新区专利申请情况
		28.1985—2019 年雄安新区专利授权情况
	本年各市万人发明专利拥有量	2019 年河北省各市（含定州辛集雄安）万人发明专利拥有量
	本年县级专利申请、授权、有效排行	2019 年河北省各县（市）专利申请前 20 名排行
		2019 年河北省各县（市）专利授权前 20 名排行
	本年职务和个人分类排行	2019 年全省大专院校专利授权前 10 名排行
		2019 年全省科研机构专利授权前 10 名排行
		2019 年全省企业专利授权前 10 名排行
		2019 年全省事业单位专利授权前 10 名排行
		2019 年全省个人（个人）专利授权前 10 名排行
	商标数据情况	河北省各市注册商标数量统计
		河北省各市驰名商标数量统计
		河北省各市地理标志商标数量统计
	河北省地理标志产品	地理标志产品数据情况

附　录

《河北省市场监督管理局知识产权项目管理暂行办法》

第一章　总则

第一条　根据《河北省人民政府关于加快知识产权强省建设的实施意见》（冀政发〔2016〕16号）《河北省人民政府关于深化省级财政科技计划（专项、基金等）管理改革的意见》（冀政发〔2015〕24号），参照《河北省市场监督管理局科技计划项目管理办法》（冀市监函〔2019〕449号）等相关规定，为进一步规范和加强知识产权项目的管理，提高知识产权专项资金支持项目的管理效率和实施质量，特制定本办法。

第二条　本办法规定的知识产权项目（以下简称"项目"）是指河北省市场监督管理局（以下简称"省局"）知识产权专项工作经费支持的知识产权创造、运用、保护、管理、服务和其他专项项目。

第三条　本办法适用于省级知识产权项目的申报、初审、评审、公示、管理以及监督检查等活动。

第四条　知识产权项目管理遵循诚实申请、公正受理、科学管理、择优支持、公开透明、专款专用的原则，保证知识产权项目管理工作的严肃性和科学性。

第二章　项目支持范围和方式

第五条　支持范围：

（一）知识产权创新能力提升项目。主要支持属于《知识产权（专利）密集型产业统计分类》范围内的产业，开展高价值专利培育、专利密集型产业的培育。开展省级专利奖评选，奖励在我省经济社会发展中做出突出贡献的专利权人和发明人，激励知识产权创造、转化。实施河北省大学生创新培育工程，支持本省高等学校大学生发明创造活动，提高大学生创新意识和创新能力。

（二）知识产权转移转化促进项目。主要支持通过知识产权运营平台建立知识产权数据库和运营项目储备库，搭建对接平台，开展知识产权许可、转让、处置等运营服务，提升知识产权运营效益。支持高校、科研组织和大型企业向中小微企业实施专利转移转化，提升中小微企业创新能力。支持开展专利权、商标专用权质押贷款、专利保险，探索推进知识产权证券化等金融服务模式，推动知识向资本转化。

（三）知识产权产业引领发展项目。主要支持专利导航，开展专利信息检索和知识产权情报分析，建立企业和产业专利信息数据库，明确企业和产业发展方向、优化布局。支持运用地理标志、商标从事地方特色产业发展，有效促进农业产业链延伸，带动农民致富，助力乡村振兴。

（四）专利保护联系机制建设及规范化专业市场培育项目。主要支持开展专利侵权判定、线索收集、咨询宣传等服务，提高保护创新主体成效。支持按照国家知识产权局关于知识产权专业市场培育标准对专业市场进行为期三年的培育工作，提升专业市场知识产权保护意识和管理水平。

（五）知识产权试点示范建设项目。主要支持省级知识产权试点、示范县（市、区）以及对年度内新获批的国家知识产权强县工程试点县、示范县（含省级以上高新技术开发区、经济技术开发区）。支持上年度新认定的国家知识产权优势企业和示范企业，充分发挥示范和带动作用。支持国家知识产权局和省局认定的中小学知识产权教育试点示范学校建设，提高中小学生知识产权意识和创新能力。

（六）知识产权管理能力提升项目。主要用于支持贯彻并持续实施《企业知识产权管理规范》《高等学校知识产权管理规范》《科研组织知识产权管理规范》的企事业单位，组织专业知识产权服务机构推行中小企业知识产权托管服务，提高企业、高等学校和科研组织的知识产权综合管理水平，增强核心竞争力。

（七）知识产权发展研究项目。主要支持知识产权软课题研究，聚焦知识产权制度运行、战略施行、法律执行、改革推行等方面重点热点问题开展研究。支持省海外知识产权风险预警研究，形成知识产权风险预警分析报告，逐步构建知识产权海外风险预警防控体系。

（八）知识产权服务机构培育项目。主要支持国家知识产权局、省局认定的知识产权服务品牌（培育）机构、知识产权分析评议机构、技术与创新支持中心（TISC）、知识产权信息服务中心（平台）、知识产权信息公共服务节点和网点、服务业聚集区，提高知识产权服务质量和水平。

（九）知识产权培训基地建设项目。主要支持国家级和省级知识产权培训基地开展知识产权人才培养、宣传交流、分析研究、专项服务、高校知识产权学科建设、省知识产权远程教育子平台和分站等工作。

（十）知识产权信息传播利用项目。主要支持各类创新主体、社会公众，开展知识产权政策宣讲、知识普及、信息查询、信息供给、专项服务、相关培训、信息分析利用等工作，通过提供知识产权信息基础性支撑服务，提高知识产权信息公共服务水平。

（十一）其他专项项目。聚焦重大任务，根据国家知识产权有关工作要求和省委、省政府关于知识产权工作的决策部署，支持某一产业或领域发展，承接某一项重大工作任务。

第六条　项目原则上采用后补助方式。

后补助项目，是指申报单位先行投入资金，通过评估或绩效考核后，采取后补助的支持方式给予经费资助的项目。

第三章　组织管理及职责

第七条　项目组织管理的主体包括省局知识产权相关部门、项目归口管理部门和项目承担单位。立项过程中的有关咨询评估等服务工作可由省局组成项目评定专家组或委托中介机构予以实施。

第八条　省局知识产权相关部门的主要职责是：

（一）研究、制修订有关知识产权项目管理规定和规范；

（二）组织编制年度知识产权工作方案，明确实施重点，分解任务目标；

（三）编制并发布年度项目申报通知或指南，确定年度支持重点领域和方向；

（四）编制并公布年度知识产权项目补助申报工作通知及相关信息；

（五）负责省级知识产权项目审查、评审、公示、管理以及监督检查等活动；

（六）对知识产权补助经费使用情况进行监督和检查；协调解决执行过程中的重大问题；

（七）组织实施新增知识产权政策措施和落实省委、省政府决策部署的知识产权重点工作。

第九条　项目归口管理部门包括设区市（含定州、辛集）和雄安新区市场监管（知识产权）管理部门（以下简称"各市局"），主要职责是：

（一）根据年度项目申报通知或指南，组织本辖区的项目的实施；

（二）负责项目实施过程的组织协调与监督检查；

（三）负责申报项目初审及推荐工作。

第十条　项目申请单位是项目实施的责任主体，主要职责是：

（一）根据年度项目申报通知和指南，负责项目实施；

（二）按要求提交项目执行情况等相关材料，报送项目补助申报材料；

（三）按规定管理使用项目经费。

第十一条 项目申请单位应符合以下条件：

（一）在河北省行政区域内依法注册的具有独立法人资格的企业、高等学校（含河北省省行政区域外隶属河北省管辖的高等学校）、科研机构、服务机构和社会组织，以及在河北省注册，并经法人单位授权的分支机构等单位；

（二）项目符合知识产权创造、运用、保护、管理和服务等重点方向和项目指南的要求；

（三）项目申请单位有较好的工作基础和条件、知识产权管理制度健全、业绩突出；

（四）项目申请单位有较强的专业能力、必备的人才和其他支撑优势，在本行业内有较大影响力；

（五）项目申请单位和项目负责人在国家企业信用信息公示系统、个人征信中无不良记录；

（六）项目指南规定的其他条件。

第十二条 申报项目应当提供以下材料：

（一）项目申报书（电子版和纸质版）；

（二）营业执照、事业单位（社会团体）法人登记证等复印件；

（三）项目指南规定的其他附件。

第十三条 按照《河北省专利保险补助经费管理暂行办法》《河北省专利权质押贷款贴息补助管理暂行办法》《河北省专利资助暂行办法》等规定执行的专利保险补助、专利权质押贷款贴息补助、专利资助等项目，按规定组织实施。

获国家专利奖的奖励项目按照相关奖励政策执行。河北省专利奖评选项目的申报、评选和审批，按照具体管理办法执行。

第十四条 符合向社会组织购买服务的知识产权项目按照政府向社会组织购买服务相关规定办理。

第四章 主要程序

第十五条 制定工作方案。省局每年年初，根据国家知识产权工作要求和省委、省政府决策部署，结合全省经济社会发展规划、知识产权发展规划和产业政策，制定印发年度工作方案，明确实施重点，分解任务目标。

涉及对我省产业发展支持政策，或落实省委、省政府决策部署重点工作的，不列入项目指南，由省局直接组织实施。

第十六条　发布申报指南。省局根据年度工作安排和预算编制要求，编制发布项目申报指南，明确支持方向、范围和重点，将开展知识产权项目资助申报工作相关信息以通知的形式在省局网站予以公布。申请时间和范围以当年下发通知时间为准。申请人应根据本办法和指南的要求按时申报，逾期视为放弃、不予受理。

第十七条　初审。申请人按照通知要求，通过各市局进行项目申报。各市局对申报材料提出初审意见，出具推荐函上报省局。

省属单位直接报送省局进行初审。

第十八条　评审。省局负责对项目申报材料进行审核，并根据省知识产权发展规划、产业政策和项目指南要求，对符合条件的申报项目组织专家评审。专家评审过程中有疑问的，可根据需要进行现场考察。

省局根据专家评审意见提出项目资助建议，经局党组会或办公会议研究批准。

第十九条　公示。获得批准资助的项目，在省局网站上公示7个工作日，公示期满无异议的列入项目补助计划。有异议的，由所在市局进行复核，并于5个工作日内向省局报送复核意见。省局根据公示和复核结果，下达批准通知。

第二十条　资金拨付。省局按照年度预算金额，将补助资金拨付给项目实施单位。

第二十一条　知识产权项目立项采用政府采购方式的，按照《中华人民共和国政府采购法》《河北省市场监督管理局政府采购管理办法（试行）》等相关规定进行。根据项目采购中标通知或项目成交通知书，由省局与中标单位或成交供应商签订项目合同书。

第二十二条　政府采购项目实施主要程序适用于第二十一条。其他项目实施主要程序适用于第十五条至第二十条。

第二十三条　知识产权项目评审或评估以同行专家为主，服务机构、企业专家参与项目评估评审的比重不低于三分之一。省局应建立完善专家数据库，实行评估评审专家随机抽取和回避制度。强化参与项目评估评审专家自律，接受同行质询和社会监督。

第五章　绩效评价

第二十四条　项目绩效目标是以增强自主创新能力为核心，组织实施知识产权项目，提升全省知识产权创造、运用、保护和管理能力，实现激励创造、有效运用、依法保护、科学管理，推进引领知识产权强省建设。

第二十五条 省局在项目执行中，要对绩效目标实现程度和预算执行进度实行"双监控"，发现问题及时纠正，确保绩效目标如期保质保量实现。

项目执行终了，知识产权相关处根据项目年度任务指标对项目执行情况开展绩效自评，自评结果报省局科技和财务处，由科技和财务处汇总后报省财政厅。

第二十六条 省局要加强绩效结果应用，将绩效目标管理、绩效监控、绩效评价结果作为预算安排、政策调整和改进管理的依据。

第六章 责任与监督

第二十七条 按照"谁主管、谁负责"的要求，各市局是资助项目的管理执行部门，负责审核资助对象的申报资格、申报资料的完整性及合规性等。省局负责确定资助对象和资金额度，拨付资助资金，组织实施项目绩效评价，确保资金安全使用。

第二十八条 申请人申报资助经费时，应对所提交的资料真实有效性负责，不得弄虚作假骗取财政资金。对违反本规定的单位，严格按照《财政违法行为处罚处分条例》（国务院令第 427 号）和《河北省专利条例》等有关规定处理。

第二十九条 资助资金专款专用，市场监管（知识产权）部门及其有关工作人员在申报、审核、分配工作中，若存在以虚报、冒领等方式骗取、截留、挤占、挪用资金的情况，以及其他滥用职权、玩忽职守、徇私舞弊等违法违纪行为的，按照《中华人民共和国预算法》《中华人民共和国公务员法》等有关规定追究相应责任，涉嫌犯罪的移交司法机关处理。

第七章 附则

第三十条 本办法由省市场监督管理局负责解释。

第三十一条 本办法自发布之日起执行，有效期 2 年。